Mudança de MINDSET com a PNL

Marco Túlio Costa

Editora Leader

Copyright© 2020 by Editora Leader
Todos os direitos da primeira edição são reservados à Editora Leader

Diretora de projetos:	Andréia Roma
Revisão:	Editora Leader
Capa:	Editora Leader
Projeto gráfico e editoração:	Editora Leader
Livrarias e distribuidores:	Liliana Araújo
Atendimento:	Rosângela Barbosa
Organização de conteúdo:	Tauane Cezar e Milena Mafra
Diretor financeiro:	Alessandro Roma

Dados Internacionais de Catalogação na Publicação (CIP)
Bibliotecária responsável: Aline Graziele Benitez CRB-1/3129

T58m   Costa, Marco Túlio
1. ed.   Mudança de mindset com a PNL / Marco Túlio Costa –
1 ed. – São Paulo: Leader, 2020.

ISBN: 978-65-990178-3-4

1. PNL. 2. Empreendedorismo. 3. Mindset
I. Título.

CDD 158.1

Índices para catálogo sistemático:
1. PNL: mindset
2. Empreendedorismo

2020
Editora Leader Ltda.

Escritório 1:
Depósito de Livros da Editora Leader
Rua Eratóstenes Azevedo, 204
Jd. São José – São Paulo – SP – 02969-090

Escritório 2:
Av. Paulista, 726 – 13° andar, conj. 1303
São Paulo – SP – 01310-100

Contatos:
Tel.: (11) 3991-6136
contato@editoraleader.com.br | www.editoraleader.com.br

Agradecimentos

Acredito em uma energia divina que nos conecta com tudo e todos. Eu só tenho a agradecer o apoio da minha família, dos meus alunos, da Editora Leader, dos parceiros de mercado e dos amigos que fazem parte da minha vida.

Em particular quero agradecer ao meu pai, Carlos Alberto Costa (*in memorian*), que me ensinou que o valor de um ser humano não está nas suas posses e bens, mas sim em sua vontade de ajudar as pessoas e na sua simplicidade. Acredito que você possa me ouvir pai, eu só tenho a agradecer por me ensinar tantos valores como homem.

Marco Túlio Costa

Introdução

Como professor, consultor, palestrante e Trainer em PNL, já tive, até o momento, a oportunidade de treinar mais de trinta mil pessoas no Brasil e exterior. Fico me perguntando a todo momento o que fazer para aprimorar minhas habilidades e entregar cada vez mais para as pessoas. Amo o que faço e a PNL faz parte da minha vida e do meu ser. Nós vemos aquilo que escolhemos ver e percebo um mundo repleto de possibilidades.

A verdade está nas nossas mentes e nos nossos corações. Muitas pessoas chamam de impossível aquilo que ainda não viram. Particularmente não acredito no impossível, acredito que todos nós podemos e devemos expandir nosso mindset e evoluirmos.

Existem pessoas que reclamam da carga de trabalho e do stress, mas, o que estão fazendo para mudar isso? Este livro fala da importância da mudança e das inúmeras possibilidades que temos com o uso da PNL. Escolhi escrever um livro que não abordasse somente roteiros ou técnicas de PNL, mas, um livro que fale da PNL, de forma mais sistêmica.

Nosso cérebro se modifica por meio de experiências e as mesmas trazidas neste livro são práticas e objetivas, para que você, leitor, possa aplicar a PNL na sua vida.

Nosso cérebro é mais recompensado ao fazermos pelos outros do que quando os outros fazem por nós, e minha alegria será saber que este livro pode te trazer vários insights e principalmente mudança de mindset.

Aproveitem!

Sumário

Capítulo 1
    O ser humano e mudança de mindset 9

Capítulo 2
    Propósito de vida 19

Capítulo 3
    Funcionamento do cérebro 27

Capítulo 4
    Reprogramação mental 37

Capítulo 5
    PNL: Liderança e crenças 47

Capítulo 6
    O mito da hipnose e a linguagem hipnótica da PNL 57

Capítulo 7
    Níveis neurológicos e processos de mudança 77

Capítulo 8
    Espiritualidade: conexão com algo maior 85

Capítulo 9
    A busca da felicidade..89

Capítulo 1

O ser humano e mudança de Mindset

Mudar o mindset é mudar a configuração da mente. Em outras palavras, é mudar nossos paradigmas apagando tudo aquilo que não nos agrega e abrindo espaço para novas informações.

Todos os dias mudamos, nos transformamos, mudamos aparência, comportamentos, desenvolvemos novas habilidades, mas a verdadeira mudança de mindset está no desenvolvimento da nossa essência.

Muitas pessoas acreditam que o mundo precisa mudar, que aquela pessoa precisa mudar, que a empresa onde trabalham precisa mudar, mas a maior mudança deve ser no nosso mundo interior. Mudar primeiramente nosso mundo interior, para depois mudarmos nossos atos no mundo exterior.

Ao ter a consciência de nos libertarmos de nossas crenças limitantes, nos libertamos de falsos padrões de comportamento e abrimos o caminho para retorno à nossa essência. E não tenho dúvidas de que esse retorno passa pelo coração. No momento em que nos reconectarmos ao coração, teremos mais acesso à fonte, a

Deus, ao amor ou a qualquer outra palavra que faça sentido para você. Nosso propósito é resgatar essa essência divina que está dentro de nós e sempre estará.

Quantos de nós ficamos presos numa zona de conforto e não saímos dela? Estar na zona de conforto não é ruim, o problema é continuar na zona de conforto por muito tempo. Expandir nossa consciência, mudar nossa maneira de pensar, tudo isso faz parte de uma mudança de mindset.

Se soubéssemos o poder da nossa atitude mental, talvez não focássemos tanto em pensamentos fixos, presos à crença de que traços e talentos não podem ser mudados, que independentemente do que se faça, sempre serão definidos por características e ações já internalizadas, como o nível de inteligência.

Quando se acredita que talentos são naturais, ou na máxima "Não me esforçarei, eu nasci assim", ou: "Desde pequeno não tenho habilidade para a música", são exemplos claros de pensamentos fixos, em que não há a possibilidade de mudanças. Tal atitude nos desperta a necessidade de aprovação/afirmação. Provar para o mundo o seu "valor".

Lembro-me da fábula que fala do cavaleiro preso na armadura. O cavaleiro que protagoniza essa fábula vive em busca do seu verdadeiro eu, mas não encontra as verdades que procura por estar sempre preso em sua armadura, pronto para guerrear. Algumas pessoas acreditam que seu potencial nunca muda e que pode ser avaliado a qualquer momento. Seu objetivo, na maioria das vezes, é provar o quão esperto é, e garantir sua superioridade sobre os outros. Lembrando a fábula novamente, com esse tipo de mindset não é possível passar pelo castelo do conhecimento, uma vez que se prova que no castelo só se chega ao outro lado quem se submete a aprender e compartilhar conhecimento. Nos impedindo dessa maneira de alcançarmos nosso potencial, sendo impossível ver por trás de nossas armaduras. Duas dicas importantes:

– Reconhecer que não sabemos ou que ainda temos muito a aprender.

— Assumir nossa ignorância que é o primeiro passo para uma mudança de mindset.

O fracasso já não visto como vergonhoso, ou de maneira pejorativa e, sim, como uma oportunidade de crescer e aprender. Quando falamos em crescer e aprender, uma das coisas que mais aprendi na minha jornada foi ter foco e propósito, temas que vamos tratar melhor no capítulo 2. Aqui quero citar minha mentora Mariana Domitila (site www.marianadomitila.com.br), que sempre me ajudou a entender que na maioria das vezes "Menos é mais".

Na busca pela mudança de mindset, me chama a atenção um conhecimento sagrado que estou aprendendo ao longo da minha jornada como buscador que é o Eneagrama, e quero aqui citar um trecho de autoria da minha amiga e especialista em Eneagrama, Lee Miranda (www.somostum.com.br).

Lee nos brinda com a mensagem de que "Aproveitando a analogia do cavaleiro preso na armadura, o Eneagrama nos explica que ao vir para esta experiência física, passamos por um processo de queda de consciência, e ao nos esquecermos da nossa realidade espiritual como seres cocriadores e ilimitados, somos então obrigados a criar armaduras e máscaras para nos proteger da vida e sobreviver de alguma forma. Criamos, assim, um conjunto de estratégias físicas, mentais e emocionais, caracterizando aquilo que chamamos de um tipo de personalidade que é uma identificação com um falso padrão de comportamento. O fato é que não somos o nosso tipo de personalidade, somos algo muito além, e quando falo em mudança de mindset, falo sobre sua total capacidade de expandir seus horizontes, de ir além dessa caixinha que hoje você chama de "casa" e "minha identidade (meu eu) "que na maioria das vezes te limita e te impede de ir muito além e explorar toda sua capacidade. Você é um cavaleiro livre, dotado de virtudes inatas como coragem, verdade, perfeição, humildade e equilíbrio, e aquela sua parte que reafirma suas debilidades ainda está com uma visão limitada do self e pouco expandida. Se permita ir além, conhecer a ilusão que existe por detrás do que te impossibilita crescer e a partir daí, começar a assumir seu verdadeiro posto de cavaleiro livre, cocriador e ilimitado."

Ser esse cavaleiro livre que Lee nos cita, para mim, é abrir nosso coração para o novo, percebendo o quanto ainda temos para aprender, desaprender e expandir nossa consciência.

Tal atitude mental de abertura de mindset encoraja indivíduos a procurarem por desafios, e aproveitarem as novas oportunidades que abrem novas portas para o desconhecido, provando que o potencial de uma pessoa está em constante evolução, em uma constante descoberta de novos caminhos e de novas coisas pelas quais se apaixonar.

Com o mindset de crescimento, deixamos para trás a pesada armadura e vamos em busca do nosso próprio ser, focamos em como crescer e nos desenvolver e melhorar o "eu" constantemente.

A beleza da PNL se explica na mudança de mindset. Quando falo sobre PNL, costumo dizer que PNL é uma maneira nova de viver a vida, entendendo que a todo momento nossa evolução faz-se necessária pela ampliação do nosso mindset, pela reprogramação de comportamentos.

Dentre as várias definições sobre PNL, trago aqui algumas:

- Manual de uso do cérebro
- Um enfoque revolucionário de comunicação
- Neurologia, comunicação e comportamento
- Modificação da versão de software mental
- Mudar o que a pessoa sente através de palavras.
- Dar às pessoas maior controle sobre sua mente.
- Uma metodologia que ajuda os indivíduos a serem mais competentes no que fazem.

Com a PNL mudei muito minha maneira de ver o mundo, deixei de acreditar que minha verdade era a única do mundo, e apresento aqui alguns dados que me fizeram pensar mais e "abrir minha cabeça e coração para novas possibilidades":

– Os egípcios antigos afirmavam que existiu sempre o caos e que dele surgiu Amon Rá, produzindo o mundo à sua vontade caprichosa e dando ordem ao caos. Entre os persas, acreditava-se que a criação começou praticamente com uma guerra do bem contra o mal; entre os apaches que habitavam o novo México, o grande pai fez-se acompanhar, durante todo o tempo da criação, por um cachorro que depois deixou na terra. Penalizado com a solidão do bichinho, arranjou-lhe um companheiro: o homem. São muitas teorias, muitas crenças, e por isso a grande beleza da vida: somos diferentes, nenhum ser humano é igual ao outro, e cada um tem sua própria verdade. E que bom estarmos abertos a todo momento para ampliar nosso mindset, para ampliar nossa visão de mundo e nossas verdades.

– Erwin Schrödinger (Nobel de Física em 1933) afirmou que existia apenas uma mente, assim como o também físico David Bohm. No fundo, a consciência da humanidade é uma só.

– Todas as mentes individuais estão unidas por meio de uma mente única, a chamada mente Una, ou seja, estamos conectados uns aos outros e com todas as vidas sensíveis. Quando acreditamos e passamos a viver uma vida intencional com base na crença da mente Una, passamos a ter cuidado com nossas ações, comportamentos e pensamentos. Isso faz bem para nós e para as pessoas que nos cercam. Seja bom com os outros, porque de algum modo eles são você.

– Schopenhauer também dizia: "Tudo está inter-relacionado e mutuamente sintonizado". É como se a mente Una fosse uma plataforma de computação em nuvem invisível: não física e dotada de uma capacidade de armazenamento infinita e gratuita. Mente Una – o todo, universo, Deus, Alá, inconsciente coletivo, registros akáshicos ou qualquer outro nome que você queira dar. Ela se manifesta em nossas vidas de forma singular. Na mente Una todas as configurações de informações existem em potencial.

Algo que me faz refletir é: Cuide dos seus pensamentos, tudo está interligado. Quem sabe se todos nós pensarmos de forma mais positiva, toda essa energia de pensamentos possa beneficiar outras pessoas ou até mesmo a natureza ao nosso redor.

Como dizia Sócrates: "Conhece-te a si mesmo" é a melhor maneira de desenvolver a inteligência do comportamento e a busca incessante do conhecimento de si mesmo, expandindo seu mindset.

Minha mudança de mindset vem sendo constante e fico me perguntando o quanto você, leitor, está aberto para mudar sua maneira de pensar. Deixe-me colocar aqui mais alguns exemplos:

Foi feita uma experiência em que foi criado vácuo dentro de um objeto e usando equipamentos de alta precisão, conseguiram medir a localização de partículas de fóton dentro de um tubo. As partículas estavam espalhadas por toda parte, inclusive, algumas tendo aderido à lateral do vidro. Após isso, Vladmir Poponin (Academia Russa de Ciência) introduziu amostras de DNA humano no tubo fechado. Quando isso aconteceu, as partículas de fóton se organizaram. O DNA humano estava exercendo influência direta nos fótons, como se estivesse imprimindo regularidades a ele por meio de uma força invisível. Quando retiraram o DNA do tubo, os fótons continuaram organizados. É como se Deus tivesse colocado o ser humano como senhor da Terra para que toda a natureza se sujeitasse à sua influência. Vale aqui o questionamento: O que estamos fazendo com a natureza? Temos o suficiente respeito por ela?

Como dizia Thomas Edison: "Eu nunca criei nada. Recebo impressões do universo como um todo e as devolvo, sou apenas um receptor".

O filme *Quem Somos Nós?* propagou a ideia que aqui defendo: Todos estamos interligados. "Você e eu somos um, há uma conexão invisível entre todas as coisas", diz o filme. Esse conceito pode ser resumido numa única palavra: holismo (do grego holos, que significa "todo"). É mais ou menos aquela frase que diz: "Uma borboleta que bate asas no Japão pode causar um tornado no Brasil".

Vale citar também vários casos de curas "sem explicação" que são descritas pelo mundo. Lembro-me da minha mãe, que pediu a Nossa Senhora pela cura do meu irmão, que iria operar de um ouvido, e no dia seguinte meu irmão não tinha mais nada. Ação da Mente Una? Milagre? Quem somos nós para julgar alguma coisa? Talvez valha mais a pena reforçar uma das célebres frases de Sócrates: "Só sei que nada sei".

Em uma das histórias mais conhecidas da cidade de Lourdes, Rose Martin sofria de um câncer generalizado com dois tumores maiores no útero e no reto, ambos do tamanho de laranjas. Sua única medicação era a morfina, que aliviava suas dores. Com 45 anos de idade, foi a Lourdes em junho de 1947 e, após a terceira imersão, seu câncer desapareceu.

Curas acontecem aos milhares. Se sucedem tentativas de explicação. Frustradas estas, permanecem a dúvida e a fé. E nascem hipóteses. Será uma relação com a Mente Una? Com o pensamento positivo de várias pessoas ou pela vontade de viver de alguém? Quantos de vocês já ouviram falar que alguns pacientes com mais fé saem de um CTI de hospital em menos tempo do que aqueles que não tem fé?

A ciência, de um modo geral, vê o assunto com desconfiança, uma vez que faltam trabalhos acadêmicos reconhecidos para comprovar que essas teorias realmente funcionam. Prefiro pensar que cada um de nós deve fazer e pensar o que achar certo, sem ligar para as consequências.

Nossas verdades devem ser a todos os momentos questionadas. Em algumas cavernas de Bayan Kara Ula, situada entre a China e o Tibete, arqueólogos descobriram estranhas tumbas e, dentro delas, esqueletos de 12.000 anos de idade. Suas características eram de um crânio enorme e membros atrofiados. As expedições arqueológicas declararam que eram restos pertencentes a uma espécie extinta de macacos, mas não explicaram como os macacos tinham desenvolvido uma cultura capaz de conceber o enterro dos seus mortos.

No livro apócrifo de Isaias encontramos o seguinte trecho na "Visão":

> *"Tendo duvidado da glória do Senhor, o profeta Isaias foi transportado ao céu pela vontade divina. Lá, ele contemplou o eterno em todo seu esplendor. O anjo que transportara o profeta chamou-o então para voltar à Terra. E Isaias espantou-se. Por que voltar tão depressa? Estamos aqui há duas horas, se tanto... Eis que o anjo respondeu: Duas horas não, mas sim trinta e dois anos. Estas palavras mergulharam o profeta em tristeza, exclamando que nada valia a ele voltar um homem decrépito. Pra ti, o tempo não terá passado, respondeu-lhe o anjo".*

Einstein viria a revelar no século XX esse episódio sobre a relatividade do tempo. O tempo é relativo, a realidade é uma representação do nosso cérebro, e nossas verdades devem ser questionadas a todo momento. Lanço um desafio a você, leitor: Você conhece pessoas teimosas que acreditam que suas verdades são as únicas do mundo?

A lei das probabilidades nos diz, com a ajuda da matemática, até que ponto coincidência é apenas coincidência ou passa a encerrar alguma coisa que ainda não foi compreendida. Quando algo se repete duas ou três vezes é fácil imaginar que se trata de acaso. Quando o fato se repete com as mesmas características dez ou mais vezes, é preciso aceitar que podemos mudar nosso mindset.

A ilusão de ótica que você acaba de ver na figura acima data de mais de um século atrás. Em 1915, um cartunista britânico chamado William Ely Hill a desenhou para uma revista de humor com o título "My Wife and My Mother-in-Law" ("minha esposa e minha sogra", em português). A legenda já instigava a ambiguidade: "As duas estão na imagem. Tente encontrá-las". Cada um tem seu mapa mental.

Como dizia Aldous Huxley em The doors of perception: "O que na terminologia religiosa recebe o nome de 'este mundo' é apenas o universo do saber limitado, expresso e como que petrificado pela limitação dos idiomas".

Mude sua maneira de pensar, ressignifique seu passado e atue de forma positiva no seu presente. Um lugar, ao ser construído, tende a ser neutro energeticamente, mas as pessoas que passam a habitá-lo, através de suas vivências e histórias tristes, traumáticas, dolorosas, sofrimentos, ódio, sentimento de vingança, transferem essa carga de energia negativa para o lugar, que como uma crosta de sujeira deixa o local carregado. É aí que pessoas mais sensíveis ao entrar nesses lugares, sentem um cansaço, um sono, uma moleza no corpo — isso, na verdade, é influência da energia densa que o local emana. A presença de pessoas negativas por si só já é o suficiente para desequilibrar energeticamente um local ou outro alguém. Sua energia negativa é tão forte que pode secar uma planta ao tocá-la ou matar um canário somente ao admirá-lo. Por isso, cuide-se: uma pessoa negativa não tem um crachá de identificação. Pode ser um vizinho invejoso, um "amigo" mal-intencionado, um parente que cobiça o que é seu, ou até mesmo um pobre coitado que nem tem noção da carga energética negativa que carrega em si.

Vamos mergulhar nesse oceano de surpresas que é a mente humana e mudar nosso mindset. Entender mais como funcionamos e como as outras pessoas funcionam; conhecer o lado mais misterioso que possuímos. Nessa viagem pelos fenômenos mentais, naveguemos com a visão firme no horizonte, pois é um conhecimento vastíssimo, e que parece nunca chegar ao fim.

Ao terminar este primeiro capítulo, reforço com você, leitor, a crença que tenho de que mudar nossa maneira de pensar e agir é nos abrirmos para uma vida mais plena, e o amor é a porta da abertura para a mente universal, porque equilibra as forças da individualidade. A salvação deste mundo está no coração, e acredito cada dia mais nisso.

Capítulo 2

Propósito de Vida

Se após a leitura do capítulo 1 você já começou a questionar suas verdades e crenças, este já é um grande passo para sua mudança de mindset e abertura para o novo, para algo maior. O próprio objetivo da vida é perseguir a felicidade. Isso está claro. Se acreditamos em religião ou não; se acreditamos nesta religião ou naquela; todos estamos procurando algo melhor na vida. Por isso, para mim, o próprio movimento da nossa vida é no sentido da felicidade, na intenção positiva de algo melhor.

O propósito de vida pode ser definido como um objetivo, uma meta que você pensa em realizar e vai orientar seu comportamento. Diferente de sentido de vida, que é uma narrativa do self: uma história sobre você mesmo, conectando pessoas, passado, presente e futuro.

Para se chegar a um propósito, você deve sedimentar o seu sentido de vida, você deve vivenciar o sentido.

Por exemplo: Quero ser professor — Isso é Propósito.

Sentido: Já viveu o dia a dia de um professor? Já ministrou alguma aula?

Quanto mais certo do meu propósito de vida, menos estresse, menos cortisol, mais qualidade do sono e mais vida plena!

Sabemos que estamos alinhados com nosso propósito quando encontramos um motivo real para acordar e viver o dia com alegria e satisfação. A verdade é que somos seres espirituais vivendo uma experiência material neste planeta, e todos nós temos um propósito. Esse propósito se manifesta de forma muito particular em cada um de nós.

O cuidado que devemos ter é que, muitas vezes, sabemos através do coração qual é o nosso propósito, mas podem existir vozes internas e externas que insistem em dizer que isso é impossível de ser realizado, que esse caminho não é bom, ou, ainda, que você não tem capacidade para isso. Aos poucos, algumas pessoas cedem a essas vozes, até que desistem e se esquecem completamente dos seus sonhos e passam a sonhar o sonho dos outros. Na PNL, dizemos o quanto as crenças limitantes nos impedem de crescer e buscar nossos sonhos. Algumas pessoas constroem muros ao seu redor para se proteger e não percebem que esses muros as impedem de atingir a felicidade plena.

Pensar que minha felicidade depende de mim e que sou flexível e posso mudar minha opinião durante a vida é bem-estar psicológico. A melhor profissão do mundo é aquela que você sente prazer em exercer.

Uma série de experiências demonstraram que o nível de satisfação com a vida de uma pessoa pode ser elevado através de uma simples mudança de perspectiva e da visualização de como as coisas poderiam ser piores. Já pensou sobre isso?

Em uma experiência na State University of New York, em Buffalo, pediu-se aos objetos da pesquisa que completassem a frase "Fico feliz por não ser...". Depois de repetir esse exercício cinco vezes, os participantes apresentaram uma nítida elevação nos seus sentimentos de satisfação.

Pediu-se a outro grupo que completasse a frase "Eu gostaria

de ser...". Dessa vez, a experiência deixou as pessoas sentindo uma insatisfação maior com a vida.

Como dizia Michelangelo: "O maior perigo da vida é desejar pouco e alcançar".

Uma missão é um propósito que o atrai para o seu futuro. Ela unifica suas crenças, valores, ações e a sua noção de quem você é. Às vezes é grande, abrangente, e até grandiosa. Mais do que tudo, uma missão é divertida. Quando você está vivendo a sua missão, você tende a se comportar como Steven Spielberg, que diz: "Eu acordo tão entusiasmado que não consigo nem tomar o café da manhã".

Você precisa descobrir uma missão tão atraente que o deixe apaixonado e entusiasmado. Se conseguir, vai se sentir cheio de fogo, vai acordar de manhã entusiasmado e querer fazer de cada dia uma obra-prima. Isso é o que caracteriza viver uma missão pessoal. Por outro lado, se você vem vivendo uma vida monótona, dividida entre trabalhar duro para ganhar dinheiro e se divertir ocasionalmente, talvez seja a hora de rever sua missão de vida. Ao descobrirmos nosso propósito, nós enriquecemos o significado do universo. Somos parte dele e ele é parte de nós. Somos parceiros na evolução do universo.

Propósito é ouvir a voz do coração e não somente a voz da mente. Se agir puramente com base na razão e no raciocínio, você se torna uma máquina. Alguns mais céticos podem estar se perguntando o seguinte: "Então você está dizendo que devemos seguir nossas intuições?". Minha resposta é simples: Sim, afirmo isso, e a neurociência nos traz este entendimento através do neurocientista Antônio Damásio.

Damásio cita os marcadores somáticos, que são um mecanismo do nosso cérebro que pode conduzir, de forma emocional, nossas tomadas de decisão. É como se você, antes de ligar o chuveiro, por exemplo, lembrasse inconscientemente dos choques que já tomou no mesmo chuveiro, e tomasse um cuidado redobrado. Damásio levanta essa hipótese no livro *O erro de Descartes*, que foi depois expandida por outros autores. Conforme Damásio nos explica: "Até a razão é emocional".

Quantos de vocês, ao tomar uma decisão, "sentem" para qual caminho ir? As decisões são emocionais, usamos a razão para os meios.

Ao tomarmos decisões, nosso cérebro evoca e rastreia uma quantidade incrível de lembranças, fatos e emoções; e temos uma decisão a partir daí.

Aqueles que são chacoalhados e passam a questionar o sentido da vida começam a voltar-se para dentro e ouvir seu coração. Seguir o coração envolve riscos, pois é verdade que muitas coisas estão em jogo. Eu não estou aqui dizendo que você deve "chutar o balde" e só ouvir seu coração. Temos contas para pagar, família, pessoas que dependem de nós, mas começar a ouvir seu coração é traçar metas para uma mudança de vida, libertar-se das correntes mentais e ir atrás da realização do seu propósito, da sua meta, do seu sonho maior.

Ter um propósito de vida é livrar-se do maior erro que é você pensar que trabalha para alguém. Você trabalha para você mesmo. Mesmo que seu salário venha de uma empresa, não espere que outros lhe digam o que fazer. Pense em soluções e não em problemas.

A ideia é: Ouça por trás das palavras.

Exemplo: Cheque este preço.

Ouvindo de forma mais ativa: Faça comparações, traga sugestões.

Exemplo: Nossos custos estão subindo.

Ouvindo de forma mais ativa: Ajude a encontrar soluções para baixar o custo.

Exemplo: Faça o acompanhamento de um cliente.

Ouvindo de forma mais ativa: Venda para o cliente soluções.

Ter propósito é combater a escuridão. Desde épocas remotas, combatemos a escuridão. Da tocha à candeia, da candeia à lâmpada moderna, esmera-se o homem na criação de recursos com que se defender contra o predomínio das trevas. Pondera quanto a isso e não guardes ressentimentos e nem cultives discórdias no campo da própria alma. Trabalha, estuda, faze o bem e esquece o mal, a fim de que te arregimentes contra o nevoeiro da ignorância. Tua mente — tua casa intransferível. Nela te nascem os sonhos e aspirações, emoções e ideias, planos e realizações. A pergunta é: Quais são os lixos mentais que você precisa jogar fora?

No livro *QS - Inteligência Espiritual*, a física e filósofa americana Dana Zohar aborda um tema tão novo quanto polêmico: a existência de um terceiro tipo de inteligência que aumenta os horizontes das pessoas, torna-as mais criativas e se manifesta em sua necessidade de encontrar um significado para a vida. Este é um ser quântico e um ser mais fluido, que se modifica e evolui a cada instante.

> Inteligência espiritual= Quero estar nesta situação?
> Inteligência emocional= Como me comporto em uma situação.

Na minha visão, propósito de vida está relacionado às leis da sincronicidade. Admiro muito Deepak Chopra e Carl Gustav Jung. Interessante pensar que Chopra também é um leitor de Jung.

O termo sincronicidade aplicado aqui vem de Jung, mas as Sete Leis da Sincronicidade foram escritas por Deepak Chopra.

O conceito de sincronicidade pode também ser conhecido como "coincidência significativa". Ele diz respeito a acontecimentos que se relacionam entre si não como causa e efeito, mas, por partilharem significados.

A sincronicidade é definida como uma coincidência significativa entre eventos psíquicos e físicos. Um sonho de um avião despencando das alturas reflete-se na manhã seguinte numa notícia dada pelo rádio. Ou você está planejando uma viagem e, a caminho do trabalho, encontra uma pessoa entregando panfletos com as informações de pacotes de viagens. Ou seja, o universo facilita o processo de procura, confirmando que você deve fazer esta viagem, tirá-la do papel.

Jung postula que tais coincidências apoiam-se em organizadores que geram, por um lado, imagens psíquicas e, por outro lado, eventos físicos. As duas coisas ocorrem aproximadamente ao mesmo tempo, e a ligação entre elas não é causal.

Podemos destacar diversos exemplos dessas coincidências significativas em nosso dia a dia. Você pode estar pensando em como gostaria de falar com alguém e, no mesmo instante, o telefone tocar com uma ligação desse alguém. Pode ser que você sonhe com flores no jardim e no dia seguinte receba um buquê como presente.

Quando temos um propósito de vida e estamos empenhados naquilo, a sincronicidade tende a ser mais intensa.

Vale a pena destacar as 7 leis da sincronicidade propostas por Chopra e você, leitor, pode avaliar como as está utilizando:

1 - Meu espírito é um campo de possibilidades infinitas que conecta tudo o mais.

2 - Meu diálogo interno reflete meu poder interno.

3 - Minhas intenções têm poder infinito de organização.

4 - Eu sei como atravessar turbulências emocionais. Para chegar ao espírito é preciso ter sobriedade. Não dá para nutrir sentimentos como hostilidade, ciúme, medo, culpa, depressão. Estas são emoções tóxicas.

5 - Eu abraço o feminino e o masculino em mim. Esta é a dança cósmica, acontecendo no meu próprio eu. A energia masculina: poder, conquista, decisão. A energia feminina: beleza, intuição, cuidado, afeto, sabedoria.

6 - Relacionamentos são a coisa mais importante na minha vida. E alimentar os relacionamentos é tudo o que importa. As relações são cármicas, e quem nós amamos ou não gostamos é o espelho de nós mesmos.

7- Estou alerta para as conspirações das improbabilidades. Tudo o que me acontece de diferente na vida é cármico. É, portanto, um sinal de que posso aprender alguma coisa com aquela experiência. Em toda adversidade há a semente da oportunidade.

Como você vem utilizando estas leis da sincronicidade na sua vida?

Você sabe o que quer da vida? Lembre-se de que a sincronicidade tende a ser mais intensa quando sabemos o que queremos.

Como Steven Spielberg, ou o cofundador da PNL, John Grinder, certa vez perguntou: "O que você gosta tanto que pagaria para fazer?" Conheça as suas Paixões, desejos e amores. Só você sabe o que verdadeiramente ama. Pode ser consertar coisas, ensinar, inventar, ou centenas de outras possibilidades encantadoras.

Ao pensar nesses interesses, desejos, amores, paixões, sinta os sinais mais íntimos, desejos de animação e interesse crescendo das profundezas de seu ser. Sinta-os. Faça um inventário dos acontecimentos mais divertidos da sua vida. Se tivesse dez milhões de dólares, o que pagaria para fazer?

Focalize as Pessoas que você admira. Veja e ouça seus heróis preferidos, os homens e mulheres com que você mais gostaria de se parecer, a quem você tem seguido o exemplo e imitado a vida inteira. Esses heróis talvez tenham os mesmos interesses, desejos e metas.

Perda gera dor;

Dor gera raiva;

Raiva gera culpa;

Culpa gera depressão;

Depressão gera morte;

Ansiedade é o medo da perda;

Falar é a melhor maneira de lidar com a raiva;

Você se sente culpado quando não faz o que deveria fazer.

Responda para você mesmo:

— Que perdas meu chefe ou alguma pessoa vem provocando em mim?

— Que perdas venho provocando em alguém ou nos meu liderados?

Pense agora no que quer para sua vida. A PNL acredita que mais importante que o conteúdo da experiência vivida, é a impressão causada por ela, então é o significado que o indivíduo atribui à experiência que é realmente importante.

Sugiro que você responda as seguintes perguntas:

1- O quanto satisfeito você está com seu trabalho?

2- Você vem oferecendo às outras pessoas ou a você mesmo chances de progredir, de ser bem-sucedido?

3- Você percebe a sincronicidade atuando em sua vida de acordo com o propósito que você definiu?

Já parou para pensar o quanto nossa vida passa rápido? Me faz lembrar a linda canção de Ana Vilela, *Trem-Bala*, que diz: "A vida é trem-bala, parceiro, e a gente é só passageiro prestes a partir".

O que é urgente não define o seu propósito. É o que é importante. Que com as dicas deste capítulo você possa definir melhor seu propósito e sentido de vida, vibrando em frequências de mais felicidade e bem-estar.

Capítulo 3

Funcionamento do cérebro

Do que se tem notícia, há milênios o ser humano vem tentando descobrir como funciona o seu corpo e o seu cérebro. Na China Antiga, os filósofos já trabalhavam com os conceitos de cérebro Yin (hemisfério direito) e cérebro Yang (hemisfério esquerdo). Entretanto, só nas últimas décadas os médicos começaram a comprovar essas diferenças.

Já na teoria do Dr. Roger W. Sperry, ele imaginou o nosso cérebro tendo dois hemisférios: um esquerdo e um direito, sistema este que já foi confirmado pela ciência neuropsicológica, que estabeleceu que as nossas habilidades mentais são lateralizadas e o Sistema Límbico e o Neocórtex são compostos de dois hemisférios cada um: esquerdos e direitos. Sua teoria prevê conectores que proveem caminhos de comunicação entre as metades esquerda e direita e vice-versa.

Os estudos de Sperry confirmaram que os dois lados do cérebro cumpriam funções diferentes. O lado esquerdo (que controla o lado direito do corpo) lida, principalmente, com a lógica, a linguagem e o tempo. O lado direito (que controla o lado esquerdo do corpo) trabalha com intuição, emoção, visão, imaginação e orientação espacial. Pelo seu trabalho sobre Hemisférios Cerebrais, o Dr. Roger W. Sperry ganhou o Prêmio Nobel de Medicina, em 1981. Vale ressaltar que para o senso comum da maioria das pessoas é que o lado esquerdo é dominante para a linguagem. O lado direito, por outro lado, é mais ativo no processamento emocional e nas representações do estado mental dos outros. Entretanto, a distinção não é totalmente clara. Por exemplo, o hemisfério direito está envolvido em processar alguns aspectos da linguagem, como a entonação e a ênfase. A verdade é bem mais complicada, e podemos afirmar que várias descobertas sobre o funcionamento do cérebro serão divulgadas nos próximos anos.

Já o médico Paul Maclean ficou conhecido por sua teoria do cérebro trino. Sua teoria teve maior relevância na década de 90, ao afirmar que o cérebro humano é um complexo distribuído em três partes que se destacam de acordo com suas funções e evolução, formando, então, um sistema único.

Criança nasce – Reptiliano

A partir de 1 ano – Límbico

A partir de 2 anos – Neocórtex

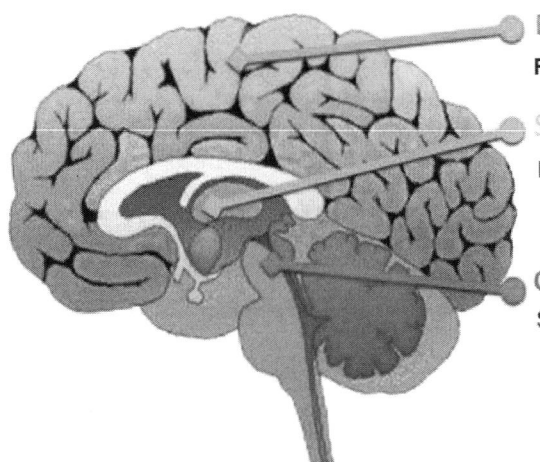

Neocórtex:
Funções intelectuais superiores.

Sistema Límbico:
Emoções.

Complexo Reptiliano:
Sobrevivência.

Diretor do Laboratório de Evolução e Comportamento Cerebral em Poolesville, Maryland, MacLean teorizou que esses três cérebros operam como "três computadores biológicos interconectados, cada um com sua inteligência especial, sua própria subjetividade, seu próprio senso de tempo e lugar e sua própria memória". Ele se refere a esses três cérebros como neocórtex (ou cérebro neomamífero), límbico (ou paleomamífero) e cérebro reptiliano, (o tronco encefálico e o cerebelo). Apesar de cada um desses três cérebros aparentemente operarem como um sistema cerebral próprio, com capacidades distintas, eles estão todos conectados por meio de nervos, razão pela qual nosso cérebro funciona como uma unidade integrada, apesar de conter muitas partes diferentes.

Vamos destacar aqui características de cada um desses "cérebros"

Reptiliano

Para se possuir tudo é preciso controlar o território. E cada um marca o território como pode. Alguns com bombas atômicas e outros fazendo xixi no poste!

Toda compulsão vem da necessidade de controlar, possuir, dominar tudo e todos. Essa necessidade nunca é satisfeita, porque o medo de não ter o suficiente é inato ao cérebro reptiliano. Portanto, nunca é suficiente. Os comportamentos obsessivos são a mesma coisa. O medo é inerente ao cérebro reptiliano. Ele teme o tempo todo. Procura a segurança absoluta o tempo todo. Imagine um alarme de carro que nunca se desliga, nem quando você está dirigindo o carro! Para o cérebro reptiliano tudo é uma questão de sobrevivência do mais forte, mais apto, mais adaptável. O sentimento dominante do cérebro reptiliano é o medo. Medo de tudo e de todos. Isso vai até o medo extremo de pensar que o mundo pode não ser como se pensa que é. Esse é um pânico existencial. Imagine o estresse que isso causa. Para o cérebro reptiliano o *continuum* espaço/tempo não existe. Só existe o agora. Me faz pensar que devemos ter cuidado, pois se a natureza buscasse estabilidade, ela não existiria.

Qualquer mudança no status quo é visto como ameaça e deve ser eliminada ou ignorada. O reptiliano pensa na sobrevivência e quer manter o status quo. Penso que pessoas que vivem sob o domínio do reptiliano devem tomar cuidado, pois seguro não morre só de velho, morre também de tédio!

Poxa, mas o reptiliano não é somente o vilão. Esse cérebro-raiz controla as funções vitais básicas, como a respiração e o metabolismo de outros órgãos do corpo, controlando também reações e movimentos. É um conjunto de reguladores pré-programados que mantém o funcionamento do corpo e reage de modo a assegurar a sobrevivência. Viva o reptiliano e cuidado para não ser regido por ele!

Límbico

Na superfície medial do cérebro dos mamíferos, o sistema límbico é a unidade responsável pelas emoções e comportamentos sociais. Emoções e sentimentos são criações mamíferas, originadas no sistema "límbico". O cérebro límbico acrescentou funções ao reptiliano: "Limbus", da palavra latina orla, acrescentando padrões de aprendizagem e memória ao reptiliano. É o cérebro responsável pelas emoções e pela memória, trazendo à cena os relacionamentos com outros seres.

Sistema límbico ou massa branca aprende com experiências passadas. Por exemplo, se você come algo que te faz mal, isso fica guardado na área límbica. Toda experiência com alguém vai sendo guardada no banco de dados no cérebro emocional. Os estímulos agregados geram uma emoção. O sistema límbico transforma estímulo em emoção. As emoções são formadas das uniões de estímulos.

Já o sentimento é um processo subsequente à emoção. É tomar consciência da emoção e conectá-la com o que você percebe dos acontecimentos. É como você se sente em relação a emoção. O sentimento fica na memória.

Você só vive uma emoção quando a sente a partir do coração, a partir do sistema límbico. Se você não vive suas emoções, mantém o sofrimento em sua cabeça. Você não pode amar com a cabeça.

Neocórtex

O neocórtex é a maravilha que nos distingue plenamente de todas as outras espécies. Exatamente por existir pressão no crânio é que no crescimento do cérebro faz com que apareçam certas dobras. Apenas ratos e pequenos mamíferos possuem o neocórtex liso.

O neocórtex é o grande gerenciador do cérebro. Ele permite nosso comportamento social, capacidade de linguagem e de análise. O lugar onde ocorre o pensamento racional! Embora comece a se desenvolver no nascimento, a coisa aqui só anda bem mesmo depois dos 5 anos de idade. Ação e reação, capacidade de premeditação, linguagem, capacidade de se entender como alguém no mundo, de se colocar no lugar do outro, de calcular as consequências de um problema, capacidade de perceber porque algo aconteceu e mais um monte de outros raciocínios complexos e abstratos são produzidos através de ligações neurológicas no neocórtex. A vantagem para a sobrevivência deve-se ao dom do neocórtex de criar estratégias, planejar em longo prazo e outros artifícios mentais. Além disso, os triunfos da arte, civilização e cultura são todos frutos do neocórtex.

Percebe-se que a neurociência explica as preocupações da psicologia, fazendo referências ao processo físico-químico do cérebro e temos uma capacidade incrível de criação de novas conexões neurais e também de plasticidade, que é a capacidade do cérebro se adaptar e mudar. Ou seja, ninguém é *aquele* perfil, nós devemos "estar" naquele perfil dependendo da situação. Nossa busca pela evolução é constante conforme explicado no capítulo 1.

Gosto de dizer que, no nosso cérebro, o problema e a solução estão no mesmo lugar.

William E. "Ned" Herrmann (1922 – 1999), mundialmente conhecido pelas pesquisas que realizou sobre o funcionamento do nosso cérebro, criou a teoria da Dominância Cerebral, levada a público em 1989 e publicada no seu livro *The Creative Brain* (*O Cérebro Criativo*), em 1995. A teoria de Ned Herrmann, calcada nas experiências do Dr. Paul D. McLean, classificou o comportamento mental das pessoas em Estilos, dependendo do quadrante do cérebro que era dominante.

DOMINÂNCIA CEREBRAL
Ned Herrmann

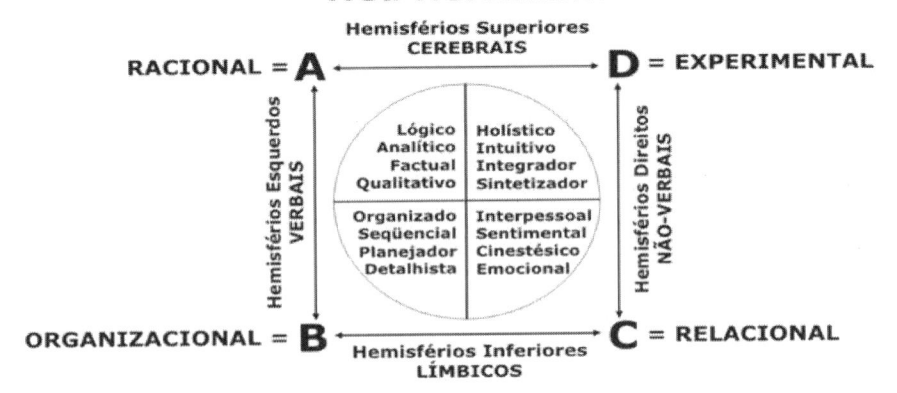

```
                    Hemisférios Superiores
                         CEREBRAIS
RACIONAL = A  ←─────────────────────────→  D = EXPERIMENTAL

              Lógico      | Holístico
              Analítico   | Intuitivo
              Factual     | Integrador
              Qualitativo | Sintetizador
              ────────────┼──────────────
              Organizado  | Interpessoal
              Seqüencial  | Sentimental
              Planejador  | Cinestésico
              Detalhista  | Emocional

ORGANIZACIONAL = B ←──────────────────────→ C = RELACIONAL
                    Hemisférios Inferiores
                         LÍMBICOS
```

Hemisférios Esquerdos VERBAIS — Hemisférios Direitos NÃO-VERBAIS

- Ordem racional – Neocórtex esquerdo – Perfil A
- Transcendência e abertura para o novo – Neocórtex direito – Perfil D
- Límbico esquerdo – Exposição detalhada – Perfil B
- Límbico direito – Exemplos vividos – Perfil C

No meu livro *A arte da comunicação através da PNL*, em conjunto com meu ex-aluno e amigo Alexandre Campos, explico com mais detalhes sobre esses perfis. Será que podemos determinar que alguém já nasce de uma determinada maneira? Será que a pessoa já nasce determinada a ser perfil A, B, C ou D? Nós não temos que adotar a síndrome de Gabriela: "Eu nasci assim, eu cresci assim...". A letra dessa canção foca na pessoa e não nos fatores externos.

Acredito que não somos vítimas de nossos genes e, sim, donos de nosso próprio destino, capazes de criar uma vida cheia de paz, felicidade e amor. Doenças que ainda não têm cura, como a diabetes, problemas cardíacos e o câncer, podem destruir a vida de muitos, mas não são resultado de um único gene e, sim, de complexas interações entre genes múltiplos e fatores ambientais.

Se o fenótipo é uma característica visível de uma pessoa e o genótipo a constituição gênica do indivíduo, então:

Fenótipo = Genótipo + meio

Por exemplo, ninguém já nasce líder. Este é um desenvolvimento da pessoa ao longo da vida.

Pense em outro exemplo: imagine o número de indivíduos que se consideram verdadeiras bombas-relógio, com medo de que o câncer se desenvolva em seu organismo a qualquer momento só porque isso aconteceu com seus pais, irmãos ou tios. Claro que não podemos desconsiderar algumas doenças como talassemia e fibrose cística, de origem genética, mas o ponto em questão é: o que pensamos sobre nossa vida? Qual programação estamos vivendo? Programas de saúde e bem-estar ou programas de infelicidade? Vale a pena relembrarmos mais uma vez um conceito da PNL: Reprogramar nossos pensamentos e ações.

O que peço a você, leitor, é ter muita atenção ao que chamamos de sequestro emocional. O sequestro emocional nos diz que existe uma hierarquia de decisão. A maior parte das informações passa do reptiliano para o córtex, contudo, uma parte vai para o límbico, que precisa de menos informações para a tomada de decisão. O cérebro racional não pode exercer o controle quando se apresenta uma emoção importante. O que se pode determinar é a intensidade e duração dessa emoção.

Ações valem mais do que palavras. De que adianta, por exemplo, pedir a uma pessoa para ficar calma? Pratique uma ação que faça essa pessoa ficar calma. De que adianta dizer "eu te amo" para alguém? Pratique ações.

Conclusão: Ações valem mais do que palavras.

Ser uma pessoa que domina seu cérebro é ter atenção a um dado alarmante da Organização Mundial de Saúde de 2017: a cada 40 segundos uma pessoa se suicida no mundo. Uma pessoa em sofrimento mental, emocional e espiritual adoece no plano físico, pense sobre isso.

Uma mente pobre se instala na pessoa dominada pela tristeza, pelo medo, pela ira. A pior de todas as dores é saber que você desperdiçou o que tinha de mais precioso: seu tempo, sua vida.

Quando falamos, portanto, de estudar sobre o funcionamento do cérebro, é chegar à conclusão de que ao longo de milhares de anos fomos criando estratégias mais adaptativas, com a evolução, por exemplo, das ciências, da engenharia, da metalurgia. Assim como, devido ao desenvolvimento do cérebro, surgem as guerras, torturas, racismo, dentre outros fatores negativos. Cabe então a pergunta que brilhantemente ouvi da minha mentora Mariana Domitila: "Você é uma pessoa com um cérebro ou um cérebro com uma pessoa?". Depressão, ansiedade, drogas e outros abusos nos fazem perceber quantas pessoas estão vivendo sendo um cérebro com uma pessoa. A industrialização e nosso ritmo de vida aumentam os riscos de psicose e doenças mentais, sendo ainda mais importante sermos "uma pessoa com cérebro".

Ainda conhecemos muito pouco do cérebro humano, mas sabemos como são importantes momentos de bem-estar e felicidade para nos sentirmos mais engajados, com maior tesão pela vida e mais autorrealização.

Destaco aqui uma frase de Carl Rogers, de 1962, ainda muito recente na minha opinião: "O organismo possui uma tendência básica: manter-se, realizar-se e expandir-se". Segundo Rogers, estagnação é sofrimento. Se nosso propósito é evoluir, temos uma ferramenta muito poderosa em nossas mãos: nosso cérebro não sabe a diferença do real para o imaginário. Se você come uma lasanha recém-saída do forno, seu cérebro é bombardeado por estímulos: o cheiro, o sabor, a temperatura, a textura da carne moída, a visão do queijo derretido. Por uma questão prática – começar logo a digestão dos nutrientes –, o cérebro ordena a ativação imediata das glândulas salivares. Você também pode salivar só ao lembrar de uma refeição deliciosa, não é? As áreas cerebrais ativadas foram as mesmas. Mas a lasanha não estava lá. E você sabia disso. E é com essa sacada fantástica que vamos estudar no próximo capítulo como podemos fazer uma reprogramação mental.

Capítulo 4

Reprogramação mental

As imagens mentais atingem profundamente nosso inconsciente de forma avassaladora, pois nossa mente inconsciente, como já dissemos, não sabe diferenciar o certo do errado, ou verdadeiro do falso, acreditando piamente que uma imagem imaginada seja real e não fictícia. Como nosso inconsciente não distingue se o que está sendo imaginado é real ou imaginação, utilizamos esse artifício mental com o intuito de incutir nesse campo da mente ideias, pensamentos positivos, cenas e fatos que possam transformar positivamente a vida das pessoas.

Nosso inconsciente apenas arquiva informações, não tem o poder de deduzir, questionar, não age com a razão, mas sim com a informação recebida. Portanto, plantar em nosso inconsciente algo bom, positivo, otimista, com certeza absoluta, estará garantindo que essa informação transforme-se em realidade.

Podemos fazer mentalizações conscientemente, através da repetição de frases e ideias, porém os resultados são mais demorados do que quando nos focamos no inconsciente, que aceita reprogramações com mais rapidez. Isto acontece simplesmente pelo mecanismo que explicamos: enquanto o consciente costuma questionar se algo vai dar certo, o inconsciente acredita no que foi afirmado e transforma em fato o que lhe foi transmitido.

A reprogramação mental pode ser feita através de uma mentalização gravada e ouvida pela pessoa quando estiver fazendo uma outra tarefa, como: assistir à televisão, trabalhar no computador, etc. Também pode ser feita imaginando uma cena várias vezes, com o intuito de que a mensagem entre diretamente no inconsciente. Lembre-se de que nosso consciente questiona tudo. Ele acaba não sendo útil na reprogramação.

"O campeão Michael Phelps começara a nadar aos 7 anos, para gastar parte da energia que estava deixando sua mãe e seus professores malucos. Quando um treinador de natação local chamado Bob Bowman viu o torso comprido de Phelps, as mãos grandes e pernas relativamente curtas (...). O que Bowman podia dar a Phelps, no entanto – o que o distinguiria de outros competidores –, eram hábitos que fizessem dele o nadador mentalmente mais forte na piscina. (...) Quando Phelps era adolescente, por exemplo, ao final de cada treino, Bowman lhe dizia para ir pra casa e 'assistir à fita de vídeo. Assista antes de dormir e quando acordar'. A fita de vídeo não era real, era mental, e fazia Phelps visualizar a prova perfeita, desde a saída do bloco até a comemoração, com riqueza de detalhes como o arrancar da touca, a vibração na água. Durante os treinos, quando Bowman mandava Phelps nadar em velocidade de competição, gritava: 'Coloque a fita!', e Phelps se forçava a nadar com toda a força que tinha. (...) Ele fizera aquilo tantas vezes na sua imaginação que, agora, parecia uma coisa mecânica. Mas funcionava. Ele foi ficando cada vez mais veloz. Chegou um ponto em que tudo o que Bowman precisava fazer antes de uma prova era sussurrar: 'Deixe a fita pronta', e Phelps se acalmava e aniquilava os adversários."

Devemos treinar a mente da mesma forma que treinamos o corpo. O medo de ter medo nos distancia da luz e é um indicador de falta de treinamento mental. O adversário não está fora, está dentro de nós.

Como dizia Albert Einstein:

> *"A mente que se abre a uma nova ideia jamais voltará ao seu tamanho original".*

Veja, por exemplo, alguém que está triste, deprimido e sozinho, sente muita carência afetiva, porém, devido a um relacionamento frustrante do passado, tem medo de se arriscar em novo romance. Nesse caso, o consciente, mesmo quando essa pessoa tenta se convencer de que tudo será diferente, acaba por questionar com perguntas repetidas, tais como: "Será que vai dar certo?", "Não deu certo da outra vez, será que não vai dar certo novamente?" ou "Eu não tenho sorte no amor!".

Se a pessoa sofre pelo medo de dirigir, peço a ela que se imagine dirigindo com segurança, sem medo, sendo um ótimo motorista, recebendo elogios pelo modo seguro que dirige.

Com base no que estamos debatendo, a PNL nos traz o conceito de submodalidades. A percepção de cada parte do sistema representacional é composta por pequenas e discretas unidades chamadas submodalidades. As percepções que constituem as experiências conscientes são restringidas pelas submodalidades.

De forma geral, as submodalidades são distinções de cada modalidade.

- Ex. imagem - Grande ou pequena, escura ou brilhante, associado ou dissociado.
- Ex. sons - Longe ou perto, agudo ou grave, alto ou baixo
- Ex. sensações - Quente ou frio, contínuo ou intermitente.

Podemos mudar as experiências com as submodalidades (representação interna). Você não pode modificar o evento, mas, pode modificar a maneira de representá-lo na mente. Quando as submodalidades mudam, mudam também os sentimentos que temos em relação àquela experiência.

Algumas pessoas, por exemplo, possuem uma voz interior que as faz lembrar de momentos ruins. Se isso ocorre, mude a qualidade de sua voz interior. Imagine como se fosse Mickey Mouse falando com você, ou um comentarista esportivo, por exemplo.

A voz interior perde sua credibilidade.

"Let the fun begins with submodalities." (Deixe a diversão começar com as submodalidades.)

Pense em uma experiência agradável, uma época específica e prazerosa da sua vida – algo que realmente gostaria de estar pensando agora. Uma vez conseguindo ver com seu olho mental uma lembrança específica e prazerosa, observe como você se sente. Depois, deixe que essa experiência se aproxime ainda mais de você, se torne maior e mais brilhante e ricamente colorida. Agora observe suas sensações de novo. Elas mudaram de alguma forma, talvez ficando mais intensas? Agora deixe que essa mesma experiência se afaste de você no seu olho mental, ficando menor, como um esboço, e apagada até ficar bem longe, do tamanho de um selo postal. Observe suas sensações agora. Ao terminar, permita que sua experiência volte às suas características originais.

Você pode fazer a mesma coisa com todos os aspectos da sua vida. Se estiver com um problema, é possível afastá-lo mentalmente de você. Ao se distanciar, você tem mais espaço mental "para respirar". Você pode relaxar e pensar nisso com mais clareza a partir dessa nova perspectiva.

Quase todos nós pensamos em mais e melhores soluções com sentimentos neutros do que quando nos sentimos aprisionados e pressionados. Do lado positivo, se você vê algo que deseja conquistar, é possível aproximar essa imagem para que ela se torne uma parte mais real e atraente da sua vida.

Observe como as submodalidades também podem ser úteis no controle de preocupações e tensões. Este é um tema que me preocupa muito. Quantas pessoas sofrem de crise nervosa? Quantas pessoas estão aprisionadas por correntes mentais?

Um dos pressupostos da PNL nos diz que temos a habilidade de mudar o processo de como experimentamos a realidade, ou seja, **você é responsável pelo quadro mental que pinta na sua mente.**

Viver o momento presente é, em outras palavras, lucidez. Quando nos preocupamos, começamos a pensar pequeno. Quando nos preocupamos com coisas que não podemos controlar, nossa mente gira sem foco. Quando temos foco, temos uma ocupação, um propósito, como falamos no capítulo 2 deste livro.

Será que eu devo me preocupar com o dia de amanhã? O amanhã trará preocupações que talvez você não conheça.

Perceba que quanto mais tempo as coisas ficam na nossa cabeça, mais confusão mental temos. Faça um exercício de anotar agora todas as preocupações que te afligem. Se escrevermos, sabemos com mais clareza o que nos preocupa e fica mais fácil controlar essas confusões mentais.

Temos que ter cuidado para não dirigirmos olhando para o retrovisor. Dirija olhando para frente. Esta é a grande diferença de quem tem o foco no passado ou no presente.

A incapacidade de deixar de andar em círculos é que leva as pessoas a terem colapsos nervosos. Nossa mente é nossa morada e pode transformar o céu em inferno ou o inferno em paraíso. Lembro-me de um texto que nos diz que Deus nos concede a cada dia uma página de vida nova no livro do tempo. Aquilo que colocamos nela, corre por nossa conta. Quando temos consciência do que está acontecendo, passamos a dominar nossos comportamentos e temos uma vida intencional

Quando dizemos que a culpa das nossas desgraças é a má sorte, trata-se, na verdade, de nós mesmos por não termos escutado nossa voz interior. Essa voz íntima fala ao coração.

Gosto muito do exercício a seguir que fala sobre o gerador de novos comportamentos:

O Gerador de Novos Comportamentos

Encontre um lugar calmo e tranquilo para ser guiado através desta técnica. Não é preciso fechar os olhos. Basta estar confortável e começar olhando para a direita. Com o olho da sua mente, imagine ver alguém que se parece com você a uma pequena distância. Este "outro você" é que vai aprender a fazer o exercício enquanto você observa. Só quando estiver totalmente satisfeito com este processo você assimilará as novas técnicas. Para garantir isso, seria bom experimentar se sentir dentro de uma bolha de plástico transparente, para ficar realmente separado e desprendido das atividades ocorrendo com o "outro você" lá fora.

Agora, pense em alguma coisa que gostaria de se sentir motivado a fazer. Escolha alguma coisa bem simples. Por exemplo, lavar a pia da cozinha, conferir o saldo no talão de cheques ou se levantar de manhã. Alguma coisa que você não goste de fazer, mas quer muito ver feito, por causa dos benefícios resultantes. Observe aquele "outro você" e veja como se sentirá quando a tarefa estiver completa, notando as consequências positivas de haver realizado a tarefa, tanto em termos de benefícios imediatos e diretos quanto de resultados futuros.

Agora observe aquele "outro você" fazendo a tarefa com facilidade. Enquanto realiza a tarefa, aquele "outro você" está sempre olhando a imagem da tarefa totalmente terminada e se sente bem por causa disso. Note que a voz interna do "outro você" é estimulante e encorajadora., lembrando-lhe os prêmios futuros e o quanto você já fez para se aproximar da meta. Finalmente, veja aquele "outro você" encantado por ter terminado a tarefa e apreciando a recompensa no final.

Se o que você estiver vendo não for totalmente agradável, você pode deixar cair uma névoa sobre a sua visão interna enquanto a sabedoria do seu inconsciente faz os ajustes ou mudanças adequadas. Quando a névoa tornar a desaparecer, você verá os ajustes que foram feitos de uma forma agradável e boa para você. Você quer ser aquele "outro você" que acabou de usar uma nova estratégia de motivação? Está satisfeito de que aquele "outro você" tenha dominado esta nova técnica? Faça aquele "outro você" repetir todo o processo com uma outra tarefa até ficar satisfeito com a demonstração.

Quando estiver totalmente satisfeito, deixe cair a bolha de plástico transparente, e absorva aquele "outro você" que aprendeu todas essas novidades. Algumas pessoas chegam a esticar de verdade os braços e se imaginam puxando esse outro eu para dentro de si mesmas. Às vezes, elas chegam a sentir nessa hora uma sensação de formigamento ou liberação de energia.

Reprogramar nossa mente é nos abrirmos também para maiores sensações de bem-estar e felicidade. Apresento aqui os passos sugeridos por Richard Bandler para uma sensação de "Bliss", ou seja, o ápice da felicidade e bem-estar. Segundo Bandler, devemos seguir os seguintes passos:

- Busque uma experiência passada em que tenha se sentido muito bem.
- Amplifique as submodalidades.
- Identifique onde a sensação corporal começa e termina. Crie um ciclo repetitivo ampliando-a para o seu corpo.
- Amplie o alcance e o movimento até sentir o Bliss em todas as células do seu corpo.
- Faça o acompanhamento do futuro, imaginando-se "blissificado".

Muitas pessoas buscam em sua vida a realização de um sonho ou desejo. Isso é possível, pois nossa mente inconsciente tem o poder de atração, e ela sabe exatamente os caminhos certos para nos levar à obtenção da realização do desejo. Portanto, até mesmo o desejo da casa própria, do carro tão sonhado, do amor da sua vida, é possível nesta técnica. Basta usar a imaginação detalhada, incansavelmente todos os dias até que o desejo pretendido se concretize.

Destaco aqui dicas importantes para as imagens da mente

1- A pessoa deverá estar relaxada quando for fazer sua imaginação.

2- A cena desejada deverá ser imaginada incansavelmente todos os dias, antes de dormir e ao acordar, ou se quiser várias vezes ao dia, o que é melhor ainda. Porém, sempre em nível de relaxamento.

3- Deverá ser imaginada sempre a mesma cena, como um filme que se repete.

4- O tempo de duração da cena pode variar de cinco minutos a meia hora.

5- Quando um pensamento intruso pairar no meio da cena, comece o processo novamente, pois o inconsciente registrará a última informação como verdadeira. Por isso, ao fazer uso desta técnica a pessoa deverá estar de mente limpa, sem pensamentos negativos ou estranhos.

6- Não há um tempo determinado para os resultados aparecerem. Cada mente age de uma forma, com seu tempo, com sua estrutura. Porém, todas as pessoas que confiam na técnica e não desistem no meio do caminho, encontram o resultado que tanto almejam.

Atenção

A mente inconsciente não sabe definir se a cena imaginada é real ou fictícia. Por isso, devemos imaginar sempre fatos e situações positivas e felizes; dessa forma, estaremos cultivando uma vida cheia de realizações e felicidade.

Se não tivermos tranquilidade em nossa mente, o conforto exterior não fará por nós mais do que fará um chinelo de ouro em um pé com reumatismo.

Me perguntava o porquê de programação neurolinguística e não reprogramação. Escolho pensar em reprogramação, pois programada nossa mente já está. Tudo o que vivemos, ouvimos, falamos, pensamos, sentimos, vimos e presenciamos, moldou nosso eu atual.

Outro item importantíssimo é evitar frase com duplo sentido. Pois se levarmos em consideração que nosso inconsciente aceita tudo ao pé da letra, poderá aceitar um dos sentidos da frase sem escolher o mais lógico. Veja o exemplo de alguém que deseja perder as gordurinhas localizadas na região abdominal, e mentaliza: "Eu sou uma pessoa sem barriga!". Nesse caso, ele está plantando em sua mente ser uma pessoa sem a parte abdominal do corpo, ou ser ele alguém com um buraco no lugar da barriga. Isso parece absurdo? Mas não é. Para o inconsciente tudo deve ser esclarecido e explicado nos mínimos detalhes, sem duplo sentido. Em vez de dizer a si mesmo: "Não se preocupe", por exemplo, tente dizer: "Fique alerta às oportunidades".

Use sempre o tempo presente. O futuro é um tempo que nunca chega para uma mentalização. Se mentalizo "Eu serei feliz", amanhã repito essa mesma frase, e assim sucessivamente, dia após dia, a felicidade nunca chega, pois sempre estarei repetindo que serei feliz, jogando essa realização para o futuro. O correto é usarmos o tempo "presente". Devemos mentalizar como se aquilo que desejamos já estivesse acontecendo: "Eu sou feliz".

Reprogramar nossa mente é lembrar do que Steve Andreas nos diz: "A dor é um sinal de que é hora de mudar. Se as nossas mãos tocam uma superfície quente, nós as retiramos. A dor é um indício de que estamos usando a abordagem errada. Ela nos diz que é hora de fazer alguma coisa diferente". Faça suas reprogramações mentais antes da dor aparecer.

Capítulo 5

PNL: Liderança e crenças

Mudar nosso mindset é também quebrar paradigmas no ambiente empresarial. Para isso, cuidado para não aplicar fórmulas antigas em problemas novos. Liderança de alta performance pressupõe inovação, liderar a nós mesmos e servir aos nossos liderados da maneira mais eficaz possível.

A tecnologia é um lead para que o relacionamento pessoal aconteça, e a verdadeira inovação na liderança é quando conseguimos completar a genialidade humana. Saber lidar com pessoas é o diferencial do profissional bem-sucedido.

Mudar nosso mindset é entender que se funciona já está obsoleto, e mudanças são necessárias. Nós não podemos presumir que uma mudança organizacional leve, de fato, a produtos melhores ou a maior lucratividade. Programas que utilizam o benchmark de maneira inadequada, práticas inspiradas somente na preocupação com custos, implementações imperfeitas e resistências a mudanças, contribuem para as falhas em programas de mudança. O ponto principal é como essa mudança é conduzida, o que importa e como a percebemos. Geralmente, as pessoas resistem a mudanças porque tem a crença de que traz prejuízo a elas. A mudança é muitas vezes algo indesejável, pois a maioria das iniciativas de mudança confere, pelo menos para alguns, mais trabalho, menos salário, menos tempo ou demissão. Por isso, a importância de um líder certo que irá unir os valores da organização e superar as dificuldades de comunicação. A capacidade de se iniciar uma mudança é tipicamente tida como a linha divisória entre os líderes e os executivos.

Líder, aquele que inspira pessoas, desenha fora das linhas e não somente dentro das linhas. Durante toda minha trajetória profissional, fui percebendo qual significado tem de ser encontrado na empresa onde você trabalha, e quando existirem fracassos, vá para frente e rápido.

Uma das ferramentas mais importantes da PNL é o Metamodelo. Cada pessoa percebe o mundo de uma maneira, e para entendermos e ajudarmos uma pessoa a ampliar o modelo de mundo, é muito importante fazermos boas perguntas. As perguntas de metamodelo devem ser voltadas para metas e não para problemas.

> **Por exemplo:**
>
> **Tenho problemas com meu chefe**
>
> **Pergunta:** Que problema?
>
> **Pergunta:** O que você pensa em fazer para mudar isso?

As perguntas têm o propósito de criar mais sintonia com o outro lado, direcionar para uma meta e nunca devem ser feitas somente por curiosidade. No exercício da sua liderança, você vem fazendo perguntas e ajudando as pessoas a pensar? Mudar o Mindset é ajudar um liderado a ampliar seu mapa mental, muito mais do que somente entender seu mapa mental. Se alguém te diz que está deprimido, você pode perguntar: O que é estar deprimido para você? Esta é uma pergunta para entender o mapa mental da pessoa. Quer ampliar o mapa mental, o mindset dessa pessoa? Você pode perguntar o seguinte: como você sabe a hora em que está feliz? A pessoa terá que buscar a felicidade no cérebro e esta será a verdadeira ampliação de mindset.

Liderança é, portanto, sair da plateia e ir para o palco. Responda para você mesmo as seguintes perguntas:

- Qual a sua história? De onde você vem e para onde está indo?
- Qual o seu propósito? (Lembre-se do capítulo 2)
- Que tipo de medida você utiliza para saber se está praticando o que diz?
- Como você toma suas decisões?

Mudar mindset nos negócios é ficar desconfortável o tempo todo. É aprender coisas novas a todo momento. Faça melhor e faça diferente e no caso de surgirem problemas, use o modelo SCORE da PNL para solução desses problemas.

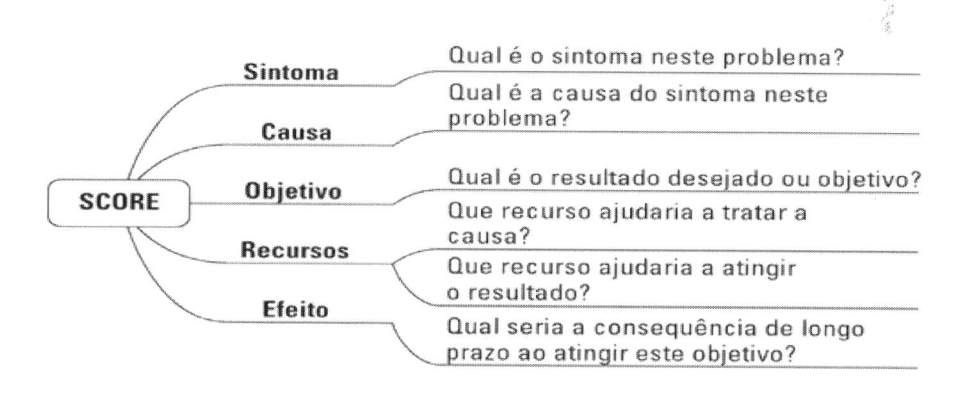

SCORE	Pergunta
Sintoma	Qual é o sintoma neste problema?
Causa	Qual é a causa do sintoma neste problema?
Objetivo	Qual é o resultado desejado ou objetivo?
Recursos	Que recurso ajudaria a tratar a causa? Que recurso ajudaria a atingir o resultado?
Efeito	Qual seria a consequência de longo prazo ao atingir este objetivo?

A ideia é quebrar o problema em partes menores, ajudando a sair do estado atual para o desejado. Perceba o quanto o modelo SCORE pode ser útil inclusive em reuniões.

> **Exemplo**
>
> **Sintoma:** Minha produtividade está muito baixa.
>
> **Causas:** Excesso de trabalho e preocupação.
>
> **Objetivo:** Ter mais disposição e aumentar minha produtividade.
>
> **Recursos:** Fazer meditação, organizar com a matriz do tempo minhas atividades, dormir melhor.
>
> **Efeito:** Maior controle sobre a vida, mais satisfação com o trabalho.

Uma vez me perguntaram qual é a função de um líder, a que muitas vezes não nos atentamos? Eu diria que é conhecer e ressignificar nossas crenças limitantes e dos nossos liderados.

Na verdade, o inconsciente é um grande centro de dados e programas desprovido de emoção, cuja função é simplesmente ler os sinais do ambiente e seguir uma programação estabelecida sem nenhum tipo de questionamento ou julgamento prévio. A mente inconsciente é como um "disco rígido" que armazena nossas experiências de vida. Os programas são basicamente comportamentos de estímulo-reação. Os estímulos que ativam o comportamento podem ser sinais que o sistema nervoso detecta do mundo externo e/ou de dentro do próprio corpo, como emoções, prazer e dor. Quando um estímulo é captado, gera automaticamente a mesma reação comportamental que foi aprendida na primeira vez em que foi detectado. As pessoas que percebem e passam a observar esse tipo de resposta automática, admitem que muitas vezes os "botões em seu organismo são involuntariamente pressionados".

A mente anterior, predominantemente inconsciente, é nosso "piloto automático"; já a mente consciente é nosso controle manual. Por exemplo: se uma bola é jogada em direção ao seu rosto, a mente consciente, mais lenta, pode não reagir em tempo de evitar a ameaça. Mas a mente inconsciente, capaz de processar cerca de 20 milhões de estímulos ambientais por segundo versus 40 estímulos interpretados pela mente consciente no mesmo segundo, nos fará piscar e nos desviar. A mente inconsciente, um dos processadores de informações mais poderosos de que se tem notícia até hoje, observa o mundo ao nosso redor e a consciência interna do corpo, interpreta os estímulos do ambiente e entra imediatamente em um processo de comportamento previamente adquirido (aprendido). Tudo isso sem ajuda ou supervisão da mente consciente.

Quantas vezes você já não se irritou ou perdeu a paciência por razões triviais como um simples tubo de pasta de dente? Provavelmente lhe ensinaram desde criança a tampá-lo após o uso. Então quando o encontra destampado, você automaticamente se enfurece. É uma simples resposta de estímulo a um comportamento programado armazenado em sua mente inconsciente.

Quando se trata de habilidades de processamento neurológico, a mente inconsciente é milhões de vezes mais forte que a mente consciente. Se os desejos da mente consciente entram em conflito com os programas inconscientes, qual lado você acredita que vencerá? Você pode repetir centenas de vezes afirmações positivas do tipo "as pessoas me amam" ou "irei me curar do câncer". Se aprendeu desde criança que não pode ser amado ou que tem saúde frágil, essas mensagens programadas em sua mente inconsciente vão fazer cair por terra todos os seus esforços para modificar sua vida. Lembra-se daquelas promessas que fazemos a nós mesmos todo Ano-Novo?

Em nós, humanos, os comportamentos básicos, crenças e atitudes dos pais também são "incorporados" às redes sinápticas de nossa mente inconsciente e, uma vez que passam a fazer parte de nós, controlam nossa biologia pelo resto da vida... a menos que encontremos uma maneira de reprogramá-los. Se você duvida da sofisticação desse sistema, tente se lembrar da primeira vez que seu filho disse um palavrão. Provavelmente você percebeu que a pronúncia, a entonação e até o contexto eram exatamente iguais aos seus quando xinga. Com um sistema tão preciso, imagine as consequências para uma criança que ouve dos pais frases do tipo: "Criança idiota", "Você não merece ganhar as coisas", "Não serve para nada", "Não devia ter nascido" ou "É um fraco".

As células endoteliais humanas se afastam das toxinas, assim como as pessoas fogem dos leões e dos assaltantes. Elas se movem em direção aos nutrientes assim como nós buscamos café da manhã, almoço, jantar e amor. Esses dois movimentos opostos definem as duas reações celulares aos estímulos ambientais: a primeira é ir em direção a um sinal que promove a continuidade da vida — como os nutrientes — e que caracteriza uma resposta de crescimento; e a segunda é mover-se em direção oposta a um sinal ameaçador — como toxinas — que caracteriza uma reação de proteção.

Imagine que você está em uma cabana no meio da savana da África, e seu organismo foi atacado por uma infecção bacteriana que lhe causou uma forte diarreia. De repente, você ouve o rugido de um leão do lado de fora. Seu cérebro tem de tomar uma decisão rápida sobre qual ameaça deve ser priorizada. Não vai adiantar reagir às bactérias se o leão acabar devorando você. Então o corpo interrompe a luta contra as bactérias e utiliza a energia para a fuga.

Mahatma Gandhi dizia que: "Suas crenças se tornam seus pensamentos. Seus pensamentos se tornam suas palavras. Suas palavras se tornam suas ações. Suas ações se tornam seus hábitos. Seus hábitos se tornam seus valores. Seus valores se tornam o seu destino".

Ressignifique suas crenças e ajude seus liderados a ressignificar as crenças deles. A palavra ressignificar significa dar um novo sentido. Momentos marcantes deixam marcas profundas capazes de influenciar o indivíduo por toda sua vida. A PNL acredita que mais importante que o conteúdo da experiência vivida é a impressão causada por ela, então é o significado que o indivíduo atribui à experiência que é realmente importante. Essas marcas vêm acompanhadas de crenças instaladas no mesmo momento da experiência ou tempos depois. Chamamos isso de "Print" da crença, ou seja, o momento em que ela foi instalada na sua mente. Nosso propósito é fazer um "Reprinting" da crença limitante, dando um novo sentido a essa crença.

Nossas crenças podem ser possibilitadoras ou limitantes. As

crenças possibilitadoras as vivenciamos e potencializamos. Se acredito que consigo aprender o que eu quiser, que sou uma pessoa feliz apesar de todas as dificuldades, agradeço ao universo, a Deus e sigo em frente.

O problema é acreditar, por exemplo, que:

- A vida é muito dura;
- Fico deprimido porque sou sensível;
- Fumar me acalma;
- O importante é ser cada vez mais magra;
- Só vou me divertir se tomar muito vinho.

O primeiro passo é detectar nossas crenças limitantes. Faça o seguinte exercício:

Detecte crenças limitantes em relação a:
- Família;
- Amor;
- Dinheiro;
- Carreira;
- Seu valor/merecimento.

Outros exemplos:

- Eu não consigo ser boa profissional e boa mãe ao mesmo tempo;
- Tenho dedo podre para o amor;
- Na minha família, todos têm doenças do coração;
- Não saio quando faz frio para não me gripar;
- Fico nervoso com qualquer bobagem;
- Amar é sacrifício.

As crenças movem nossa vida, por isso, é preciso querer mudar e se dar a chance de mudar. Com base no exposto neste capítulo, uma das maneiras mais rápidas de ressignificar nossas crenças e ajudar nossos liderados a ressignificarem as suas é fazendo perguntas de metamodelo.

Por meio de uma técnica chamada Prestidigitação Linguística, desenvolvida por Robert Dilts, e também apresentada no meu livro *A arte da comunicação através da PNL*, mostro que o propósito da Prestidigitação Linguística não é atacar uma crença limitante, mas, sim, ajudar a pessoa a ampliar o seu mindset, podendo se abrir para a possibilidade de que aquela crença pode não ser verdadeira.

Vejamos um exemplo de alguém com a seguinte crença:

Crença

Estou estável no meu emprego atual, penso em mudar, e só não mudo porque eu não conseguirei ganhar o que ganho no meu emprego atual.

As perguntas de prestidigitação que você pode fazer para essa pessoa são as seguintes:

Buscar a exceção: Você é a pessoa com o seu perfil que tem o maior salário no Brasil? Quantas pessoas com o seu perfil ganham mais, ou pelo menos o mesmo que você?

Buscar a Origem da Informação: Será que você acredita nisso porque a maioria das pessoas ganham menos do que você e também acreditam nisso?

Buscar a Meta Crença: Será que no fundo no fundo, você quer é a segurança do seu emprego atual?

Mostrar a intenção positiva: Bom, acreditar nisso permitiu que você conquistasse muito do que conquistou até agora. Correto?

Mostrar o efeito: Pensar dessa forma não está te impedindo de perceber outras oportunidades melhores ainda do que onde você está?

Mudar a cultura: Há vários pensadores que acreditam que nada é tão bom que não possa ser melhorado.

Mudar o foco: Você já se deu conta de como será motivador para você ser um melhor profissional de forma a ganhar o que você ganha hoje, ou mais, em qualquer outra empresa?

Olhar no espelho: O quanto por acreditar nisso diminuem as suas possibilidades de continuar ganhando o que você ganha onde está?

Ressignificar: Será que não é apenas uma questão de você encontrar uma relação profissional que remunere por resultado?

Metáfora: Ayrton Senna dizia que foi projetado para arriscar, mudar e ganhar mais. O quanto você acredita nisso?

Segmentação para baixo: Quão bom você precisa ser ou quanto de resultado você precisa gerar para ganhar o que você ganha atualmente?

Segmentação para cima: O que leva alguém a pagar o que você ganha ou mais?

Critério mais alto: No fundo no fundo, o que importa mais para você? Continuar onde está ou ser mais feliz?

A ideia da prestidigitação é fazer através de perguntas a pessoa refletir sobre sua crença limitante e ampliar seu mindset, acreditando que é possível quebrar a generalização que aquela crença limitante lhe impõe.

Vejamos outro exemplo de uma pessoa que acredita que: O que é fácil não tem valor. Algumas perguntas que você pode fazer no intuito de ajudar essa pessoa a ressignificar sua crença:

1 - Você se lembra de algo que foi fácil para você e gerou um grande valor?

2 - Como você sabe que o que é fácil não tem valor?

3 - Será que você acredita nisto por achar que competência vale menos do que esforço?

4 - Isso demonstra que você está disposto a fazer o que é necessário?

5 - Pensar dessa forma não está te impedindo de ser mais eficiente?

6 - Você sabia que as empresas atualmente buscam fazer mais com menos?

7 - Será que por acreditar nisto você gera um elevado custo por resultado obtido?

8 - Até que ponto acreditar nisso não o está impedindo de fazer um grande esforço em qualidade e produtividade?

9 - Você já ouviu falar que pequenos esforços bem direcionados geram grandes resultados?

10 - Quanto de esforço é necessário para que ele seja grande?

11 - Se esforço fosse a única forma de gerar valor, os esforçados não deveriam ser mais valorizados?

12 - O que é mais importante? O esforço ou o resultado obtido?

Trabalhar suas crenças limitantes e as de seus liderados é pensar em melhorar sempre. No exercício da liderança, inove, libere o louco que existe em você e promova mudanças. Precisamos disso, de pessoas que ajam fora da caixa e promovam mudanças nas empresas e no Brasil. A inquietação intelectual é fundamental para avançarmos, nunca pare de estudar e de desenvolver. E tenha ambição. Ambição na liderança é fundamental. Ambição é querer ir além, é querer transcender. Use a palavra ambição a seu favor, caro leitor!

Capítulo 6

O mito da hipnose e a linguagem hipnótica da PNL

Vamos ampliar mais ainda nosso mindset? Um dos maiores preconceitos que percebo de várias pessoas é contra a hipnose. Infelizmente, existe uma crença para muitas pessoas de que hipnose não funciona, que é obra do diabo e por aí vai.

Vamos esclarecer tudo isso?

Uma definição clara de Hipnose é: "Um estado diferenciado de consciência, alterada em comparação com os estados ordinários de vigília e de sono, com elevada receptividade à sugestão por parte da pessoa que nele ingressa, por si mesmo (auto-hipnose) ou com intervenção de outra pessoa ou equipamento". Saiba que quase todo mundo já esteve de alguma forma hipnotizado em algum momento de sua vida.

O nome Hipnose vem de Hipnos – Deus do "sono" na mitologia grega; Filho de Nix (deusa da noite e da escuridão) e Érabo (Deus das trevas primordiais). Hipnos era irmão gêmeo de Thanatos (a morte sem violência). Conta a lenda que Hipnos viveu no palácio construído dentro de uma caverna onde o Sol nunca chegou;

na entrada dessa caverna cresceram papoulas e outras plantas hipnóticas, que lhe concediam sempre muita tranquilidade, paz e silêncio. Outros estudiosos dizem que ele viveu com Thanatos, em um palácio subterrâneo situado na ilha grega, e ao lado do palácio passava o Lete (rio do esquecimento). No meio do palácio encontrava-se uma bonita cama, que era cercada por cortinas pretas, cama na qual Hipnos descansava em penas macias. Hipnos era o deus do sono, não dos sonhos, os quais eram atribuídos aos mil Oníricos (deuses dos sonhos), gerados por ele próprio. Já segundo Homero, "Hipnos era um deus que assumia a forma humana de dia; e à noite, de uma ave ou de um jovem com asas, que tocava uma flauta capaz de fazer os homens dormirem". Hipnos recebeu o poder de dormir com os olhos abertos, para constantemente assistir à sua amada Selene (a primeira apresentação da Lua).

Com base em materiais arqueológicos, como cerâmicas e pinturas rupestres, acredita-se que a Hipnose já era conhecida e empregada sob numerosas denominações; assim, sua história começou aproximadamente entrelaçada com a história humana, e nesses primórdios, a história da hipnose se entrelaça com a história dos povos primitivos, principalmente no aspecto religioso. Muitos elementos foram encontrados, os quais confirmam a existência das induções que eram realizadas nas cerimônias religiosas, por isso, eram frequentes os cantos ritmados, batidas monótonas de tambores, juntamente com fixação de olhar, acompanhada de catalepsia do resto do corpo. Assim, explanaremos sobre alguns povos. No Egito, o "Templo do Sono" – século XVIII a.C. era dedicado ao Sacerdote Imhotep (I-em-Hotep: ele vem em paz), ao qual podemos atribuir o título de avô da hipnose. O Templo do Sono era onde os sacerdotes e adivinhos egípcios colocavam seus pacientes num transe hipnótico, muito semelhante às induções dos dias atuais; sacerdotes que, num período da história do Egito, tiveram mais força que o próprio Faraó. Na Grécia, a hipnose era praticada assiduamente pelos sacerdotes (médicos) no Templo de Asclépio (também escrito: Esclepius, Esculápio, Esclepius). Asclépio foi um curador, as suas raízes místicas voltando para o segundo milênio a.C., tornou-se um semideus, assumiu o papel de Imhotep. As terapias do sono sobreviveram nos Templos de Asclépio, que foram construídas pelos gregos nos séculos 5 e 4 a.C. No auge do poder de cultos, havia 420 templos, espalhadas por todo o antigo império grego, mas com a ampliação dos conhecimentos das ervas e suas propriedades, começaram a desenvolver pomadas, tinturas e medicamentos. Ao longo dos últimos 4000 anos, os Templos do sono, o Priest e Dream Sleep, evoluíram lentamente para se tornarem modernos hospitais e locais de exercício da medicina.

Na Índia, um país até hoje sensivelmente místico, as técnicas de hipnose foram aceitas e chegaram a dominar por completo, mediante o Yoga, através da repetição dos mantras e as técnicas de sugestão, chegando à igualdade do fenômeno da auto-hipnose. Os Gurus, outras personalidades nessa cultura, até os dias atuais são considerados como guias espirituais que transmitem insights espirituais, pois eles se consideram como um elo entre o povo e os deuses; assim, usando técnicas para mudar velhos hábitos alimentares e retirando de forma imediata todas as proteínas, deixam o cérebro mais lento e baixando as ondas cerebrais, chegam a um estado alterado. A Yoga, na Índia, não é considerada uma religião, mas uma ciência que desenvolve no praticante o domínio da mente, curando as doenças físicas e emocionais, em que o praticante chega à meta central da Yoga, que é a união com Deus. Os aspectos que se assemelham com a hipnose são: a criação de um foco de atenção, uma atitude mental favorável, a formação de uma expectativa, aflorar a imaginação que catalisa o processo. O desvio intencional da atenção se dá pelos vários exercícios respiratórios e pelas posturas.

Na China, bem antes do início da era cristã, eram realizadas solenes cerimônias que cultuavam os antepassados, cerimônias constituídas por uma série de estímulos auditivos, as quais eram obtidas por tambores, flautas, sinos e cordas. Atrelados a uma frenética dança giratória, chegava-se à dissociação do consciente, em que frequentemente aconteciam fenômenos de histeria, convulsões, gritos, saltos e um profundo estado de sonolência. Expressivamente, uma demonstração de hipnose coletiva.

> **Cabe destacar que hipnose não é:**
>
> - Sono ou sonho
> - Sinal de debilidade mental
> - Alguém que domina seu cérebro
> - Um tratamento
> - Um método infalível de cura.

Sem o propósito de esgotar o assunto, trago aqui um pouco da história da hipnose ao longo do tempo.

Gassner, Johann (1727-1779)

Gassner usava a catarse como um método para o tratamento de doença física. Em especial, ele usou os ritos de exorcismo da Igreja Católica. Seus métodos podem ter influenciado Mesmer. Após longo período de abolição por parte da igreja católica das práticas de cura, é irônico que a história da Hipnose não se inicie com um médico, mas com um membro do clero, Padre Gassner. Padre Católico que viveu em Klosters, defendia a tese de que os pacientes doentes estavam possuídos pelo demônio, assim obteve consentimento da Igreja para suas ações de exorcismo. Gassner não fazia segredos de seus métodos, frequentemente permitia que médicos o observassem administrar seus tratamentos, que ocorriam da seguinte forma: o paciente era colocado em uma sala, onde os observadores eram acomodados. Esse paciente aguardava no centro do palco o padre Gassner, que aparecia vestido todo de preto, braços estendidos, segurando um grande crucifixo de ouro, cravado de diamantes. O paciente, de antemão, era avisado de que quando fosse tocado pelo crucifixo, cairia no chão e permaneceria esperando novas instruções; e ao cair no chão significava que ele estaria morto, e nesse estado era que Gassner expulsaria os demônios, assim devolvendo a vida normal ao paciente. Alguns médicos, ao examinarem o paciente nesse estado, constatavam que este não apresentava pulsação e não se ouviam as batidas do coração. É dito que o próprio Mesmer assistiu a várias performances do padre por volta de 1770.

Mesmer, Franz Anton (1735-1815)

Nasceu em 23 de maio de 1734, na Áustria. Não aceitava a hipótese de possessão demoníaca, do Padre Gassner, em que havia a ideia de que o crucifixo demandava uma magnetização no paciente, levando-o à cura. A partir daí elaborou sua teoria do magnetismo animal, que foi testado pela primeira vez em 1773, com um jovem de 28 anos, obtendo a cura. Mesmer publica sua experiência em 1775. Estudou medicina em Viena, recebendo seu doutorado em 1766, com uma dissertação sobre a influência dos planetas sobre o corpo humano. Ele expôs uma teoria do magnetismo animal, ou mesmerismo, que considera que cada corpo possui uma força magnética que liga todos os seres humanos. Em 1775, ele publicou sua teoria, em que acreditava que a doença era o produto dos bloqueios no fluxo de um fluido magnético invisível, e que esses bloqueios poderiam ser revertidos através de "passes" de suas mãos sobre partes do corpo afetadas. Em sua tese de doutorado, em 1766, Mesmer enfatizou que não só os planetas, estrelas e outros poderes cósmicos tinham influência sobre os seres vivos, mas que havia outros poderes "etéreos" que emanavam entre as coisas vivas. Franz Anton Mesmer é, hoje, uma personalidade citada em qualquer livro sobre magnetismo animal. Adquiriu fama e prestígio, o que o obrigou a deixar Viena. Já em 1777, Maria Thereza Paradis, uma jovem pianista cega, recupera sua visão, mas foi impedida de terminar o tratamento porque sua mãe deixou-se influenciar por médicos que eram contra os métodos de Mesmer. Com isso, a cegueira histérica se reafirmou. No ano seguinte, Mesmer se mudou para Paris e, em 1784, é investigado pelo governo francês, que o declarou como sendo um farsante. Os adeptos do Mesmerismo ou os Mesmeristas usavam de muitos argumentos para convencer a comissão de que Mesmer guardava um segredo digno de ser aprendido, pela complexidade de seus mecanismos e seus vários tipos de teatralismo. Depois dessa denúncia, sua popularidade caiu. Assim, ele se empregou em viagens pela Inglaterra, Itália, Alemanha, até se estabelecer em Frauenfeld, na Suíça, no ano de 1814, mudando por fim para Morsbug, onde faleceu em 5 de março de 1815.

Braid, James (1795-1860)

James Braid era um cirurgião oftálmico, nascido em 1795, na Rylawhouse, Fife – Escócia. Trabalhando em Manchester, iniciou métodos modernos de tratamento com hipnose, com base em termos científicos, depois de participar de um show, em Manchester, de um magnetizador francês chamado La Fontaine, em 1841. Braid notou que, enquanto os indivíduos eram induzidos a dormir no palco, o primeiro sinal que ocorria era um tremor perceptível das pálpebras; em seguida, os globos oculares viravam e adormeciam. Ele se interessou por mesmerismo ou magnetismo animal e estava particularmente interessado em fadiga ocular e mais tarde em fadiga do "olho interior ou psíquico". Ele foi o primeiro a usar os termos *hipnose*, *hipnotismo*, *sugestão* e *hipnotizador* no sentido com que eles são usados hoje — paralelos entre hipnose e dormir. Depois disso, ele começou a experimentar, demonstrar, dissertar e encorajar uma discussão aberta e crítica, obtendo apoios e muitas críticas contrárias às suas ideias. Braid trabalhou com a hipnose em processos cirúrgicos e desenvolveu uma técnica para hipnotizar pessoas que envolve a fixação do olho. Por simplesmente solicitar aos indivíduos que se fixassem em um objeto, ele descobriu que os olhos e as pálpebras se cansavam e fechavam rapidamente.

Charcot, J. M (1825-1893)

Neurologista francês nascido em 1825, trabalhou no Salpêtrière, em Paris (que competiu com a Escola Nancy). No Salpêtrière tinham a hipnose como semelhante à histeria. Sendo Charcot conhecido como o médico mais famoso a usar o hipnotismo, deixou sua carreira ser abalada quando mergulhou no hipnotismo sem a costumeira pesquisa cuidadosa com que cercava seus outros trabalhos. Sua reputação sofreu desaprovações com suas teorias de que a hipnose era um estado patológico e que enfraquecia a mente . Alunos de Charcot procuravam sinais físicos (estigmas) na pessoa hipnotizada para explicar o fenômeno hipnótico. Em 1870, a Charcot foi dada a responsabilidade por uma ala do Salpêtrière, que consiste em pacientes do sexo feminino convulsivas. Desaprovado pela Escola de Nancy de Medicina, e após sua morte, em 1893, foi denunciado por Babinski como falsário, ataques que levaram ao declínio do uso da hipnose na França. Declínio que continuou até os tempos modernos, com apenas algumas exceções, tais como Pierre Janet e o Dr. Joseph Mor Laos, que usaram a hipnose até que esta fosse oficialmente introduzida nas escolas francesas de medicina, em 1958.

Elliotson, John (1791-1868)

Dr. Elliotson era um médico famoso de Londres, graduado em Edimburgo. Frequentemente trabalhava com os pacientes em intervenções cirúrgicas via uso de tratamento mesmerimagnético. Sua fama excedeu a do Dr. Braid, chegando ao topo da vida acadêmica, sendo Professor na Universidade de Londres. Presidente da Royal Medical and Surgiral Society e Fundador da University College Hospital em Londres. Foi de extrema importância sua ajuda para introduzir o estetoscópio na Inglaterra, juntamente com os métodos de examinar o coração e pulmão usados até hoje. Na história da hipnose, por ter criado em 1846 o primeiro periódico a tratar do hipnotismo, o "The Zoist", isso lhe rendeu a expulsão da University College Hospital. Elliotson colocava que era dever dos médicos daquela época analisar e inserir em suas pesquisas a hipnose. Durante treze anos, publicou artigos junto com muitos outros médicos brilhantes da época, testemunhando os resultados obtidos com tratamento utilizando a hipnose, como: insanidade, epilepsia, histeria, gagueira, nevralgia, asma, torcicolo, dores de cabeça, dificuldades funcionais do coração, reumatismo, cólicas espasmódicas, ciático, lumbago, paralisia, convulsões, inflamações agudas dos olhos e dos testículos, e ainda centenas de relatos de operação sem dor, como remoção de catarata e até amputação de pênis. Ao contrário de Braid, continuou a acreditar na clarividência e em outros fenômenos paranormais até sua morte, em julho de 1868.

Esdaile, James (1818-1859)

Amigo pessoal de James Braid, Esdaile trabalhou como cirurgião para a Companhia da Índia Oriental, em Calcutá. Ele realizou milhares de intervenções cirúrgicas, em primeiro lugar com o uso de Mesmeric passes, e mais tarde, usando o hipnotismo de Braid, afirmava ter conseguido insensibilidade completa em 80-90% de seus pacientes. Reconhecido como o cirurgião que mais realizou cirurgias com anestesia hipnótica; médico que apresentava extrema perspicácia e inteligência. Trabalhou a maior parte da sua vida na Índia, onde se popularizou pelo seu trabalho com hipnose. Após realizar 75 operações sob hipnoanestesia, escreveu à junta médica, que o ignorou. Mais tarde, com mais de mil operações realizadas com sucesso mediante hipnose, o seu contato com Sir Herbert Maddock (vice-governador de Bengala), conseguiu nomeação do Comitê de Investigação, composto primeiramente por médicos, com relatório favorável à hipnoanestesia. O governador colocou Esdaile como responsável por um pequeno hospital experimental, próximo de Calcutá, onde deu continuidade em suas pesquisas sobre hipnose. No ano de 1846 iniciou sua pesquisa, sendo que ao findar do ano já havia realizado 133 operações e outros demais casos médicos. Esdaile fora indicado para trabalhar no Lane Hospital and Dispensary, de Sarkea, expandindo seu trabalho para outros campos da medicina. Deixou a Índia em 1851, com 300 grandes operações realizadas sem dor, todas executadas sob hipnose. Enquanto estava na Índia, foi introduzido o clorofórmio como anestésico e, em 1853, com as descobertas das propriedades anestésicas do éter, descrito como primeiro anestésico, Esdaile manifesta seu desapontamento com a Índia, voltando para Europa, onde residiu até sua morte, em janeiro de 1859. Em 1891, a Associação Médica Britânica relatou parecer favorável em que declarava que a hipnose era um agente terapêutico eficaz no alívio da dor, assim evidenciando ainda mais a obra de Esdaile.

Freud, Sigmund (1856-1939)

Médico neurologista e psiquiatra criador da psicanálise. Freud iniciou seus estudos pela utilização da técnica da hipnose no tratamento de pacientes com histeria, como forma de acesso aos seus conteúdos mentais. Ao observar a melhora dos pacientes tratados pelo médico francês Charcot, elaborou a hipótese de que a causa da histeria era psicológica, e não orgânica. Essa hipótese serviu de base para outros conceitos desenvolvidos por Freud, como o do inconsciente. Freud também é conhecido por suas teorias do Complexo de Édipo e da repressão psicológica e por criar a utilização clínica da psicanálise como tratamento das psicopatologias, através da escuta do paciente. Freud acreditava que o desejo sexual era a energia motivacional primária da vida humana. Sua obra fez surgir uma nova compreensão do ser humano como um animal dotado de razão imperfeita e influenciado por seus desejos e sentimentos. Segundo Freud, a contradição entre esses impulsos e a vida em sociedade gera, no ser humano, um tormento psíquico.

Freud abandonou a hipnose por considerar que a livre associação conjugada com a psicanálise poderia ter melhores resultados, mas, mesmo menosprezando a hipnose, Freud continuou usando muitas técnicas hipnóticas, tais como: tocar a testa do paciente, concentração da mente do paciente, relaxamento do corpo em um sofá e o farto uso da imaginação.

Erickson, Milton (1901-1980)

Milton Erickson nasceu em 1901, em Nevada (EUA), onde viveu até sua adolescência em um ambiente rural. Por ter contraído poliomielite aos 17 anos, sofreu inúmeras dificuldades físicas e de saúde.

Como psiquiatra e psicólogo reconhecido por seu trabalho clínico, foi presidente fundador da Sociedade Americana de Hipnose Clínica.

Responsável por uma visão inovadora para psicoterapia mediante sua própria história de superação, seu interesse pela hipnose também se baseava no próprio desejo de controlar e manejar dores crônicas que sentia. Seu contato com hipnose foi enquanto aluno da Universidade de Medicina de Wisconsin. Erickson formou-se mestre em Psicologia dentro do modelo dominante da época, que era a Psicanálise, da qual se distanciou ao reformular alguns conceitos ao iniciar estudos sobre a hipnose clínica e experimental, onde propôs uma nova forma de se entender e compreender hipnose e seus fenômenos. Autor de 140 artigos e coautor de inúmeros livros, em suas práxis terapêuticas considerava a força da motivação, as mínimas mudanças comportamentais e o extremo senso de percepção e observação do terapeuta, tudo voltado para terapias breves em estratégias para soluções rápidas, nas quais dava extremo valor às metáforas terapêuticas.

Bandler e Grinder, cocriadores da PNL, conseguiram ser apresentados a alguns dos maiores exemplos de excelência humana do mundo, incluindo o Dr. Milton H. Erickson, amplamente reconhecido como o mais notável hipnotizador do mundo. Na década de 1970, o Dr. Erickson já era muito conhecido entre os profissionais da medicina e até assunto de vários livros, mas poucos dos seus alunos conseguiam reproduzir seu trabalho ou repetir seus resultados. O médico, frequentemente, era chamado de "curandeiro ferido", visto que muitos colegas seus achavam que seus sofrimentos pessoais eram responsáveis por ele ter se tornado um terapeuta tão habilidoso e famoso mundialmente.

Quando Richard Bandler ligou pedindo uma entrevista, aconteceu de o hipnotizador atender pessoalmente ao telefone. Embora Bandler e Grinder fossem recomendados por Gregory Bateson, Erickson respondeu que era um homem muito ocupado. Bandler reagiu dizendo: "Algumas pessoas, Dr. Erickson, sabem como achar tempo", enfatizando bem "Dr. Erickson" e as duas últimas palavras.

A resposta foi: "Venha quando quiser", com as duas últimas palavras igualmente enfatizadas.

O fato de Bandler e Grinder serem capazes de descobrir o que tantos outros não haviam percebido o deixou intrigado. Afinal de contas, um deles havia acabado de falar usando uma de suas próprias descobertas de linguagem hipnótica, hoje conhecida como comando embutido. Ao dar destaque às palavras "Dr. Erickson, achar tempo", ele criou uma frase separada dentro de outra maior, que teve o efeito de um comando hipnótico.

Ambos os rapazes chegaram ao consultório/casa de Erickson em Phoenix, nos EUA, para aplicar suas técnicas de modelagem, recentemente desenvolvidas, ao trabalho do talentoso hipnotizador. A combinação das legendárias técnicas de hipnotização do Dr. Erickson e as técnicas de modelagem de Bandler e Grinder forneceram a base para uma explosão de novas técnicas terapêuticas.

O trabalho deles junto com o do médico confirmou que haviam encontrado uma forma de compreender e reproduzir a excelência humana. Nessa época, as turmas da faculdade e os grupos noturnos conduzidos por Grinder e Bandler estavam atraindo um número crescente de estudantes, ansiosos por aprender essa nova tecnologia de mudança.

Nos anos seguintes, vários alunos, inclusive Leslie Cameron-Bandler, Judith DeLozier, Robert Dilts e David Gordon, dariam importantes contribuições próprias. Oralmente, essa nova abordagem de comunicação e mudança começou a se espalhar por todo o país. Steve Andreas, na época um conhecido terapeuta de Gestalt, deixou de lado o que estava fazendo para estudar a PNL. Rapidamente, ele decidiu que aquela era uma novidade tão importante que, junto com a mulher e sócia, Connirae Andreas, gravou os seminários dos dois mestres e os transcreveu em vários livros. O primeiro, *Frogs into Princes* (Sapos em Príncipes), se tornaria o primeiro best-seller sobre a Programação Neurolinguística. Em 1979, um extenso artigo sobre PNL foi publicado na revista Psychology Today, intitulado "People Who Read People".

Com a modelagem do Dr. Erickson, a PNL entra em nível inconsciente, ganhando dessa forma mais notoriedade.

Nas palavras de Jung: "Tratar com o inconsciente é uma questão vital — uma questão de ser ou não ser espiritual. Todos aqueles que já tiveram experiências semelhantes àquelas mencionadas no sonho sabem que o tesouro jaz no fundo da água e tentam retirá-lo de lá. Como nunca conseguem esquecer quem são, não podem em hipótese alguma perder sua consciência. Pretendem manter-se firmemente ancorados na terra e tornam-se pescadores que agarram tudo o que flutua na água".

Os trabalhos de Erickson permitiram desenvolver induções hipnóticas e também aplicarmos a linguagem hipnótica ou modelo Milton (em homenagem a Milton Erickson) no ambiente empresarial. O modelo Milton segmenta a linguagem para cima, tornando-a inespecífica, gerando deleções, distorções e generalizações e, dessa forma, faz com que a pessoa tenha de submergir à sua própria experiência.

A abordagem Ericksoniana não gera resistência. Como o próprio Erickson dizia: "A resistência não existe, basta o terapeuta ser suficientemente flexível".

Mas, afinal de contas, o que é sugestão?

Podemos dizer que sugestão é a aceitação de uma ideia sem análise crítica ou prévia do consciente. Sugestões que podem ser do tipo:

• Verbais: incluem-se as pré-verbais, que usam sons e palavras.

• Não verbais: usam a gestualidade e expressão corporal.

• Intraverbais: usam a modalidade de voz (inflexões e tom).

• Extraverbais: estão implícitas em palavras ou frases.

Isso é possível a partir do momento em que o indivíduo entra num nível de frequência das ondas cerebrais adequado.

Os níveis são:

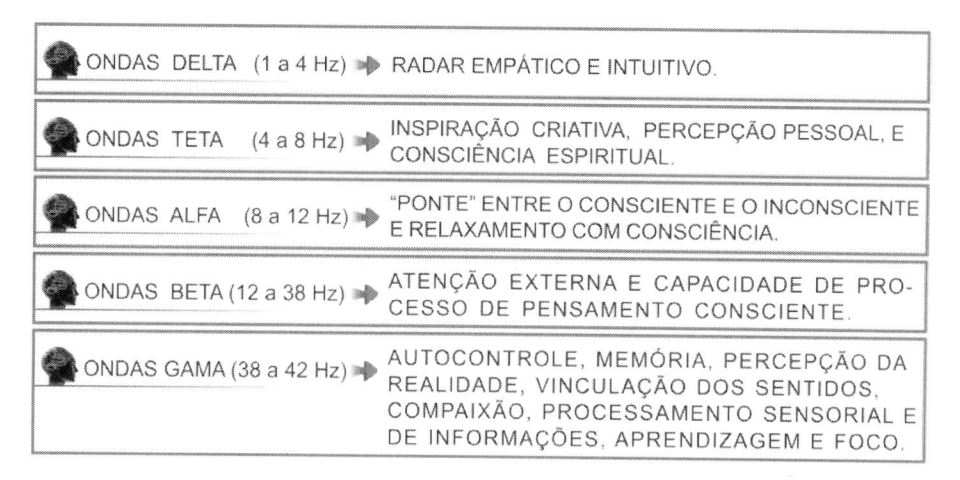

ONDAS DELTA (1 a 4 Hz) ➡	RADAR EMPÁTICO E INTUITIVO.
ONDAS TETA (4 a 8 Hz) ➡	INSPIRAÇÃO CRIATIVA, PERCEPÇÃO PESSOAL, E CONSCIÊNCIA ESPIRITUAL.
ONDAS ALFA (8 a 12 Hz) ➡	"PONTE" ENTRE O CONSCIENTE E O INCONSCIENTE E RELAXAMENTO COM CONSCIÊNCIA.
ONDAS BETA (12 a 38 Hz) ➡	ATENÇÃO EXTERNA E CAPACIDADE DE PROCESSO DE PENSAMENTO CONSCIENTE.
ONDAS GAMA (38 a 42 Hz) ➡	AUTOCONTROLE, MEMÓRIA, PERCEPÇÃO DA REALIDADE, VINCULAÇÃO DOS SENTIDOS, COMPAIXÃO, PROCESSAMENTO SENSORIAL E DE INFORMAÇÕES, APRENDIZAGEM E FOCO.

Para o processo de indução se realizar é necessário que o indivíduo esteja em estado ALFA, ou podemos dizer em Alfagenia, e para alcançar esse nível, utilizaremos de vários fatores como:

- Fé
- Expectativa
- Desvio Intencional da Atenção
- Sugestão
- Estímulos Sensoriais (fortes ou fracos)

A voz do hipnotista deve apresentar duas características específicas que são: ritmada, que leva a uma sensação de balanço e acalanto; e também mais "monótona", que força a concentração. Além desses dois fatores, existem outros elementos importantes e úteis que são: Deformação das palavras: esticando as vogais, Gestualidade: palavras seguindo com gestos. Ritmo interrompido: uso do (E) ou (Enquanto). Pausa muda: tempo para responder aos comandos. Diferentes tons: mudar o nível de voz.

A sacada é: o inconsciente adora ter escolhas, e a qualquer comando específico há o risco de o consciente bloquear. Darmos comandos inespecíficos é a chave para o inconsciente.

Como exemplo, feche os olhos e comece a relaxar, respirando pelo nariz e expirando pela boca 5 vezes. Imagine agora que você começa a descer uma escada com dez degraus, e a cada degrau você fica mais e mais relaxado, mais e mais... e daqui a pouco você vai chegar a um local muito agradável para você. Eu não sei se você conhece ou não esse lugar, só sei que é um lugar muito bom para você. Enquanto vai descendo cada degrau, a sensação de bem-estar é mais profunda... Isso, desça a partir de agora. Degrau 10 e você se sente tranquilo e relaxado; degrau 9, sentindo uma sensação de paz; degrau 8, mais paz e bem-estar; degrau 7 e você imagina agora uma sensação de paz passando por todo o seu corpo; degrau 6 e você é inundado por uma sensação de felicidade; degrau 5 e daqui a pouco você vai pisar em um local de muita felicidade para você; degrau 4 e a sensação de paz e bem-estar aumenta cada vez mais; degrau 3 e você se sente leve e pleno; degrau 2 e você está muito próximo desse local agradável; degrau 1 e você já percebe algumas características desse lugar, e agora pise nesse lugar. Invadido uma sensação de profundo bem-estar e felicidade, é possível que você se depare com coisas ou pessoas muito agradáveis, ouça sons agradáveis e sinta as melhores sensações que conseguir sentir. E quanto mais presente você está nesse local, melhor você se sente. Explore esse lugar e veja, ouça e sinta o que ele tem a lhe oferecer, sentindo-se pleno e realizado. Agora, incorporando essa sensação de profundo bem-estar, vamos subir as escadas de modo a trazer para o aqui agora toda essa harmonia e felicidade.

Degrau 1 - sentindo-se bem.

Degrau 2 - sentindo-se muito bem.

Degrau 3 - com muita gratidão por ter estado neste lugar.

Degrau 4 - trazendo com você muito bem-estar.

Degrau 5 - mais felicidade.

> Degrau 6 - com mais e mais felicidade.
>
> Degrau 7 - tendo a certeza de que valeu a pena estar neste local.
>
> Degrau 8 - agradecendo ainda mais por ter participado desta vivência.
>
> Degrau 9 - voltando para o aqui agora.
>
> Degrau 10 - abrindo os olhos e sentindo-se maravilhosamente bem.

Se você seguiu corretamente os passos desta indução, vai se sentir maravilhosamente bem e com uma sensação de profundo bem-estar. Acessar o inconsciente com responsabilidade é abrir-se para experiências transcendentais.

Vejamos um outro exemplo:

Segure firmemente a caneta entre seus dedos e veja, e imagine e sinta como seus dedos ficam colados na caneta...

"Lançar o desafio"

Exemplo de Fraseologia: "... tão firmemente que irei contar até três e você não consegue soltar; quanto mais tentar, mais colados os dedos ficam: um... dois... três! Estão colados!" Negociar a saída do conflito; Exemplo de Fraseologia: "Quando contar novamente até três, a caneta se solta: um...dois...três, solte!

Exemplo 3

Nuvem "... e assim, à medida que você se solta na (cadeira, maca, sofá)... vai soltando o pensamento, sentimento, sensação... Imagine um céu azul e muito bonito... cheio daquelas nuvens branquinhas... Agora, imagine ou visualize, ou apenas pense numa dessas nuvens bem branquinhas, com os raios de sol reluzindo nela... Veja como ela é... Imagine-a como se fosse um grande sofá no qual você vai se sentar... Acomode seu corpo nela... Ela vai aconchegando você de tal maneira que você se permite soltar completamente... confortavelmente... e a nuvem vai levando você lá para o alto, seguramente... Aos poucos, ela vai subindo lentamente... e você vai se sentindo como se estivesse flutuando... soltando... sentindo a brisa do ar batendo suavemente em seu rosto... vendo as coisas lá embaixo, bem distantes... sem perturbarem você agora... e tranquilamente aproveite e solte-se nesta nuvem gostosa... Deixe a nuvem voar com você por onde você quiser... Aproveite para respirar... soltar... e se deixar ir com essa nuvem até algum lugar que vai agradá-lo o suficiente para você querer parar lá... Aproveite esse lugar, respirando...soltando... Aproveite as sensações, sentimentos e tudo o mais que a sua sábia mente vai lhe trazendo... Assim, agora você pode pedir à sua nuvem que traga você de volta aqui para esta sala, completamente bem desperto e bem-disposto."

Exemplo 4: Cachorro:

Apropriado para pessoas que estão com dor de cabeça, pergunte inicialmente: "Numa escala de 1 a 10, que nota dá para sua dor de cabeça (a pessoa vai atribuir uma nota)? Permita-se fechar os olhos... Imagine agora que sua dor de cabeça é um cachorro... Descreva qual é a cor do cachorro e como ele está (geralmente será atribuída a cor preta e como muito bravo)... imagine agora que você está pintando o cachorro da cor que você preferir. Como está o cachorro agora? (ela vai dizer que ele está mais calmo, tranquilo) ... agora volte à escala e me diga que nota você dá a sua dor de cabeça..." Provavelmente a nota diminuirá.

Observe que interessante você utilizar algumas dessas induções hipnóticas consigo mesmo ou com outras pessoas. Vamos aprofundar um pouco mais nos comandos hipnóticos?

Vamos lá

1- O "mas" desconsidera o dito e engana a atenção consciente.

Exemplo: Aquela blusa é cara, mas, é bonita.

2- A negativa inicial quebra a resistência, e a palavra mágica "porque" atribui autoridade ao que digo, ao mesmo tempo que desvia a atenção do comando embutido.

Exemplo: Eu não lhe diria "faça seu pedido agora", porque você já sabe que este é o melhor momento.

3- Mais cedo ou mais tarde...

Exemplo: Mais cedo ou mais tarde, você vai perceber mais profundamente as vantagens desta escolha.

4- Algum dia ou em algum lugar

Exemplo: Algum dia, você vai rir das preocupações atuais.

5- Tente resistir... A pressuposição é de que qualquer resistência será inútil.

Exemplo: Tente resistir a este novo modelo do carro.

6- Eu fico me perguntando. É uma pergunta embutida.

Exemplo: Eu fico me perguntando o quanto isso é válido para você.

7- Talvez, pode ser que, é possível que são suavizadores.

Exemplo: Talvez você queira fazer isso agora ou depois.

8- Cada vez mais

Exemplo: Com este produto, você ficará cada vez mais bonita

9- Você vai _____ agora, ou você vai _____?

A multiplicidade de escolhas disfarça a pressuposição de que a escolha é inevitável.

Exemplo: Você vai garantir esta troca agora, ou você vai fazer o pedido de reserva para depois?

10- disse (ou dizia) _____, "_____"

Você transmite seu comando ou sua mensagem através da citação de outrem.

Exemplo: Já dizia meu avô: "Quem não arrisca não petisca".

11- Me disse uma vez, "_____"

Mesmo padrão anterior, enriquecido com a adição de metáforas.

Exemplo: Meu pai me disse uma vez que, com um passo após o outro, você chega aonde quiser.

12- Distorção da realidade.

Você afirma que existe uma relação causa efeito (x= y)

Exemplo: E quanto mais você escuta minha voz, melhor você se sente.

13- Os advérbios de modo, como felizmente, obviamente, indiscutivelmente, infelizmente, etc. fazem pressupor que a afirmação que lhes segue é necessariamente verdadeira, reforçando assim os comandos embutidos.

Exemplo: Sem sombra de dúvida, vale a pena investir neste negócio.

14- Eu não sei se _____.

Neste padrão, a negação disfarça uma pergunta que, por sua vez, disfarça um comando. É uma forma indireta de se chegar ao inconsciente.

Exemplo: Eu não sei se esta é a grande oportunidade que vai mudar sua vida.

15- Você pode _____, não pode?

O que distingue este padrão é o "não pode?" final. Você pode entender como ele suaviza o comando e cria fatores de rapport com o ouvinte, não pode?

Exemplo: Você pode se colocar alguns instantes no meu lugar, não pode?

16- Quem sabe você gostaria de _____?

Treine o uso sistemático de suavizadores. Este padrão contém dois. No exemplo a seguir, há também a pressuposição de que o cliente vai comprar o aparelho.

Exemplo: Quem sabe você gostaria de experimentar o aparelho antes de comprá-lo?

17- Metáforas

Milton Erickson era um mestre das metáforas. O conceito de metáfora é muito amplo:

— Narrações, parábolas e histórias

— Provérbios. Ex.: Quanto maior a nau, maior a tormenta.

— Citações

— Anedotas ou piadas

— Mitos, contos ou fábulas

— Comparações

Exemplo

Enquanto você fecha os olhos, imagine que todas as preocupações e tensões que você tem, possam ser como água suja e preta dentro de um balde. Imagine agora que esse balde seja colocado debaixo de uma torneira com água bem clara e limpa e quanto mais água clara e limpa ele recebe, mais você percebe o quanto esse balde vai ficando limpo, simbolizando seu corpo recebendo mais energia divina e bem-estar. Deixe essa água limpa cair, mais e mais... sentindo-se bem, com mais disposição, mais leveza e bem-estar.

Vamos agora ver um exemplo da linguagem hipnótica no ambiente empresarial? Este é o grande poder da persuasão.

A ideia é: como influenciar meus clientes e aumentar meus negócios através da PNL?

Utilizando alguns comandos estudados neste capítulo. Vejamos um exemplo:

Talvez venha agora à sua mente o lugar que é a viagem dos seus sonhos. Quem sabe você gostaria de pensar o quanto vale a pena conhecer esse lugar. Você pode fazer isso, não pode? Quantos de vocês têm a sensação de que a vida passa muito rápido, que damos muito duro trabalhando pelo nosso propósito e que merecemos cada vez mais momentos de prazer e bem-estar. Eu fico me perguntando o quanto vale a você destinar tempo e recursos para conhecer esse lugar. Eu não sei se você quer ir sozinho ou levar a pessoa ou as pessoas que você mais ama, só pergunto o que te impede de aqui e agora planejar e colocar em prática esta que é a viagem dos seus sonhos.

Gostou da linguagem hipnótica? Quanto mais praticar, maior seu poder de influência!

Capítulo 7
Níveis neurológicos e processos de mudança

Níveis Neurológicos da PNL são uma poderosa ferramenta de transformação pessoal e uma nova forma de encarar os problemas do dia a dia. Ela foi criada por Robert Dilts (um dos grandes nomes da PNL) e Todd Epstein, a partir dos estudos de aprendizagem de Gregory Bateson. A PNL utiliza os níveis neurológicos para ajudar você a organizar sua estrutura mental. Grandes mudanças somente ocorrem se passarem por um processo neurológico de 7 passos.

Essa é uma ferramenta que fornece uma forma estruturada de entender o que está acontecendo em qualquer sistema, inclusive nos seus relacionamentos, também é uma ótima forma de fazer uma autoanálise de uma "situação problema".

Usando essa ferramenta dos níveis neurológicos é possível reconhecer em que nível está ocorrendo um problema e atuar diretamente nele. Por exemplo, uma alteração no ambiente pode interferir no mais alto nível lógico que é o da nossa espiritualidade, mas se nossa mudança ocorrer diretamente em um nível superior, como o Espiritual ou o da Identidade, invariavelmente causará mudanças nos níveis abaixo.

Pirâmide dos Níveis Neurológicos

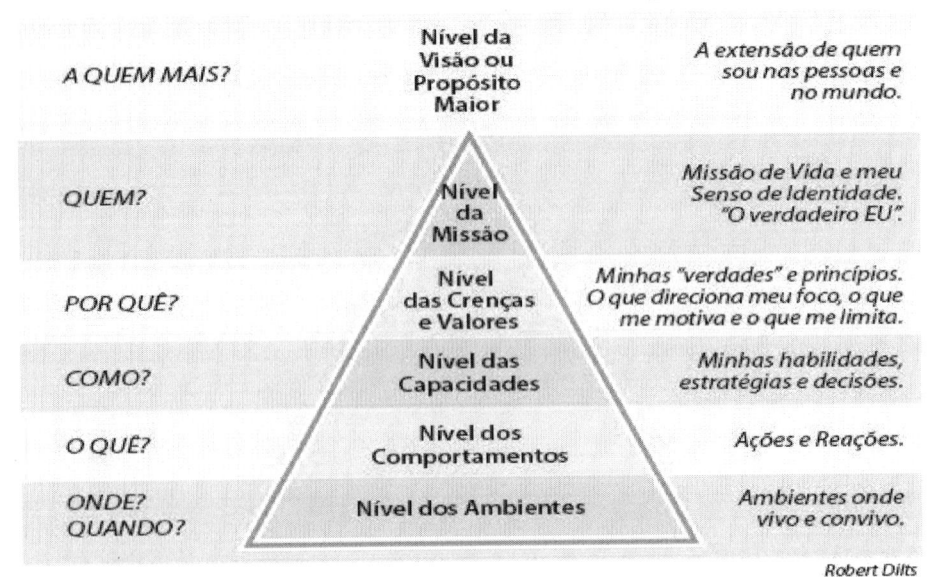

A QUEM MAIS?	Nível da Visão ou Propósito Maior	A extensão de quem sou nas pessoas e no mundo.
QUEM?	Nível da Missão	Missão de Vida e meu Senso de Identidade. "O verdadeiro EU".
POR QUÊ?	Nível das Crenças e Valores	Minhas "verdades" e princípios. O que direciona meu foco, o que me motiva e o que me limita.
COMO?	Nível das Capacidades	Minhas habilidades, estratégias e decisões.
O QUÊ?	Nível dos Comportamentos	Ações e Reações.
ONDE? QUANDO?	Nível dos Ambientes	Ambientes onde vivo e convivo.

Robert Dilts

Assim, ambiente, comportamento, capacidades, crenças e valores, identidade e espiritualidade, são os níveis que irão ajudar a pessoa a identificar e até mesmo alterar, estados e crenças limitantes.

Com base nisso, pare um pouco e reflita sobre uma determinada atividade:

- Onde estão os ambientes que você frequenta? (ambiente)
- O que você faz nestes ambientes? (comportamentos)
- Como você faz? (capacidades)
- Por que você faz? (crenças e valores)
- Quem é você? (identidade)
- Quem mais isto afeta? (visão/missão/espiritualidade, propósito maior)

Somos criadores do nosso destino. Nós mesmos somos os condutores do "trem" de nossa vida. Diariamente, atravessamos muitos cruzamentos, pequenos ou grandes. Existem muitos caminhos que podemos escolher. Podemos direcionar nossa vida para a consciência e o despertar espiritual — o principal objetivo de nossa vida —, ou para o adormecer espiritual.

Quer estejamos ou não conscientes disso, nós criamos nosso próprio futuro através de nossas próprias decisões, as quais se concretizam inevitavelmente, como o trem que, a cada mudança de chaveamento na estrada de ferro, é levado pelo trilho e forçado a seguir até o próximo cruzamento, permitindo então uma nova mudança. Nós mudamos a direção de nossa vida não somente pelas decisões sobre coisas importantes, mas principalmente por dezenas de SIM ou NÃO que escolhemos em situações diárias, em que mudamos a alavanca imaginária do nosso trem.

Se nosso objetivo de vida é sair de um ponto A e chegar a um ponto B, podemos usar os níveis neurológicos para esse processo de mudança.

É simples: De baixo para cima analisamos a situação atual. De cima para baixo, promovemos as mudanças necessárias em relação a uma meta que você tem.

Caminho de ida

Ambiente

Onde você está hoje sem atingir essa meta?

Comportamento

O que você faz especificamente nos ambientes onde você está?

Capacidades

Quais habilidades você possui e utiliza hoje em dia?

Valores/crenças

Por qual motivo essa meta é importante? Quais as crenças (possibilitadoras e limitantes) que você tem em relação a ela?

Identidade

Quem é você hoje sem atingir essa meta?

Espiritual

Quem mais ganha ou perde sem você atingir essa meta? Qual o propósito dessa meta em sua vida?

Observe que, no caminho de ida, a pessoa deve sentir a "dor" de não ter atingido essa meta, essa mudança. Conduza de forma que a pessoa perceba a importância de mudar.

Caminho de volta

Espiritual

De que maneira você percebe isso agora? Para deixar o legado a que você se propôs, com quem você precisa se relacionar, ou com quem você precisa PARAR de se relacionar? A qual grupo de pessoas você precisa pertencer? Dos bem-sucedidos? Dos que terminam tudo aquilo que começam? Daqueles que fazem treinamentos para se desenvolver em todas as áreas da vida? Ou daqueles que só reclamam? De quem só vê o lado ruim das coisas? É uma escolha que precisa ser feita AGORA.

Identidade

Quem é você agora? Quem você precisa se tornar para pertencer a esse grupo que você escolheu? Qual a sua nova identidade para deixar o legado que você mesmo escolheu? Você precisa ser um vencedor? Ser bem-sucedido? Ser um exemplo? Ser uma pessoa que termina tudo aquilo que começa? Ser um realizador?

Valores/crenças

Quais são seus valores agora? No que você acredita? A pessoa que você se tornou, acredita em quê? Acredita que as coisas são fáceis ou difíceis? Que as coisas dão certo ou dão errado? Quem você se tornou tem quais valores como base para ser quem você é agora? No que você precisa acreditar para realizar seu objetivo?

Capacidades

Quais habilidades você fortaleceu ou adquiriu durante este processo de mudança? Quais as capacidades e habilidades que você precisa desenvolver AGORA? Quando você vai começar a desenvolver? Quando você vai fazer o treinamento que está procrastinando? Quando que você vai começar ou terminar aquela pendência importante?

Comportamento

Quais comportamentos identificou e foram fortalecidos? Como serão seus comportamentos a partir de agora para desenvolver essas capacidades e habilidades? Como você precisa se comportar para que consiga desenvolver essas habilidades AGORA?

Ambiente

Como hoje você é visto nos ambientes dos quais faz parte? Como serão suas reações no ambiente em que você vive, como serão os seus resultados na vida, como você vai se vestir? Como vai tratar a sua família, seus amigos, seu marido, esposa, namorado, namorada, enfim, como você vai se relacionar com as pessoas; e como será o ambiente que vai construir ao seu redor para ser a base e para que tudo o que você pensou e desenvolveu até aqui se torne a mais absoluta verdade e se materialize agora em sua vida?

Observe que no caminho de volta construímos o processo de mudança, de modo que a pessoa tenha uma vida mais plena e intencional.

Tratando de processos de mudança, destaco a teoria U, que foi desenvolvida ao longo de quase 15 anos por Otto Scharmer, Adam Kahane, Peter Senge e Joseph Jaworski.

Ela vem sendo utilizada em projetos de diferentes proporções: alguns envolvem apenas uma organização, outros envolvem toda a cadeia produtiva, enquanto outros envolvem todo um país. As mudanças nesses projetos foram obtidas através de processos da **teoria U,** que possibilitam a um grupo de pessoas reconhecer as causas dos problemas atuais e como gerar inovações para resolvê-los.

A **teoria U** é uma "maneira de desenhar e conduzir profundos processos de aprendizado coletivo".

A letra "U" simboliza o trajeto percorrido. A primeira parte do U representa o começo, a segunda parte o meio e a terceira parte, o final.

Embora tenha sido desenvolvida por Otto Scharmer, a Teoria U tem raízes na década de 1960, nas pesquisas sobre pedagogia desenvolvidas na Holanda. Scharmer utilizou esses estudos para dar embasamento à Teoria U, quase 30 anos depois dos estudos iniciais. A teoria U propõe que a qualidade dos resultados que criamos depende da qualidade de atenção, presença e consciência das pessoas.

Atenção

Observar, tirar conclusões, desprender-se de velhos olhares, ouvir seletivamente.

Presença

Sentir-se parte da questão, relacionar-se com o eu interior, refletir em alto nível de sabedoria.

Consciência

Entender a situação com outro olhar, idealizar a mudança, fazer a mudança acontecer com planos de ação.

Neste livro, apresento o conceito da teoria U de forma bem simplificada. Sem querer desmerecer um tema tão importante, nosso foco é relacionar a teoria U com os níveis neurológicos. Eu e Mariana Domitila tivemos a pretensão de fazer essa relação que apresentamos na figura abaixo, e o objetivo é visualizarmos de forma mais simples o processo de mudança.

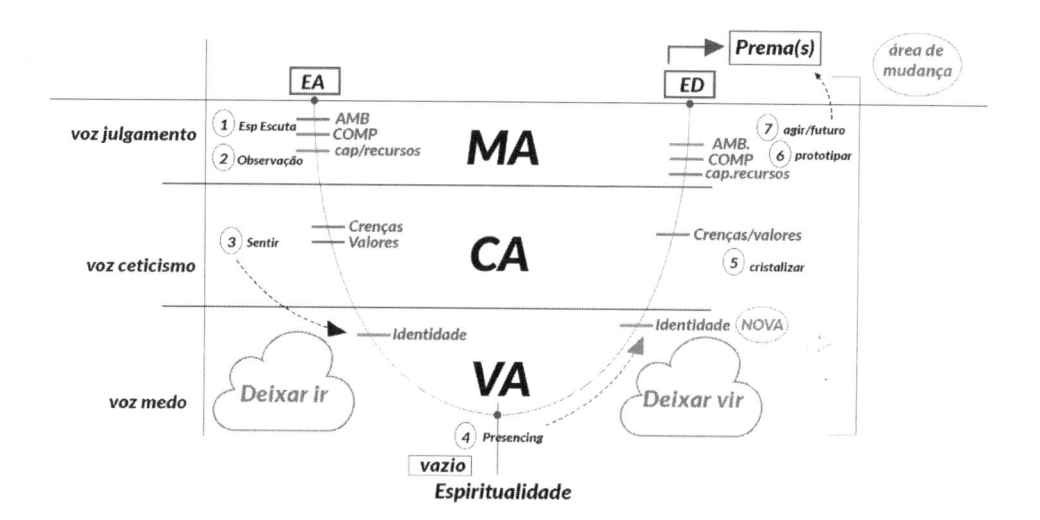

Criação dos professores Mariana Domitila Padovani e Marco Túlio Costa inspirados na Teoria U de Liderança

MA= Mente Aberta - novos modelos de pensamento

CA= Coração Aberto - novos modelos de relacionamento

VA= Ser Aberto - novo modelo de experimentar a vida

Na descida do "U" temos o estado atual (EA) e na subida do "U", temos o estado desejado (ED).

Utilize o seguinte roteiro nesse processo de mudança que integra a teoria U com níveis neurológicos:

1- Em que momentos sua voz do julgamento aparece focada nos ambientes que frequenta, em seus comportamentos e habilidades ou nos comportamentos e habilidades dos outros?

2- Em que momentos você exerce a voz do ceticismo e mantém uma crença limitante?

3- Que tipo de pessoa você precisa deixar de ser para se tornar um ser humano mais pleno? Você está disposto a deixar ir essa velha identidade?

4- Você superou a voz do julgamento, do ceticismo e do medo. Quem é você agora?

5- Nessa jornada do Ego ao Eco, como está agora seu nível de energia? Quais são suas novas crenças? Com quem você vai compartilhar seu novo propósito?

6- Quais são seus planos de ação agora? Quais são suas novas habilidades, comportamentos e ambientes que você vai frequentar a partir de agora?

Observe que, para a mudança acontecer, você deve ter suficiente energia cinética para a SUBIDA DO U, ou seja, superar a voz do julgamento, do ceticismo ("Não dou conta", "não sou capaz", "não mereço") e a voz do medo.

A mudança é necessária para nossa transformação, para sermos pessoas melhores para nós mesmos, assim como poder interagir de forma mais positiva com as pessoas à nossa volta. Neste caminho é importante trabalhar para vencer nossos preconceitos, dores e crenças limitantes. Somos seres em construção, ou seja, não nascemos e não estamos prontos, somos uma obra em constante melhoria. Mas claro isso só é possível se você se abrir às mudanças e derrubar crenças limitantes que te impeçam de ser um ser humano melhor e de evoluir em todos os aspectos de sua vida. Mudar não significa perder sua essência ou desonrar quem você é e sua história. Significa abrir-se a novas possibilidades e crescimentos.

Capítulo 8

Espiritualidade: conexão com algo maior

Quero iniciar este capítulo falando da conexão com algo maior. Michelangelo representa uma importante passagem do livro do Gênesis: o momento em que Deus cria o primeiro homem: Adão.

O dedo de Deus tocando o dedo de Adão. O braço de Adão está dobrado e o seu dedo caído, sinais de fraqueza do homem, por oposição à postura de Deus, com o braço estendido e o dedo esticado, sublinhando o gesto do seu poder criador. O impossível se torna possível quando estamos conectados com forças superiores. A solução inspiradora não vem de você, vem através de você, e precisamos estar abertos para receber essa inspiração.

Eu não tenho intenção nenhuma de convencer você, leitor, sobre o que escrevo neste capítulo. Apenas te digo: amplie seu mindset e permita a dúvida: Quem sabe?

Se você se permitir sentir uma força divina, simplesmente experimente e observe o que sente. O universo trabalha de forma misteriosa para nossa limitada compreensão.

Proponho a seguinte reflexão

- Olhe para você frente a um espelho
- Quem é essa pessoa refletida no espelho?
- O que é importante para essa pessoa?
- O que essa pessoa quer da vida?
- O que deixaria essa pessoa orgulhosa dela mesma?

Somos seres transcendentes, ou seja, vamos além do tangível. É a prova de algo maior, de um propósito. Transcender é ir além, ir além dos limites de uma fronteira.

Muitas pessoas confundem religião com espiritualidade. Religião é uma doutrina compartilhada por um grupo, que aproxima o indivíduo ao sagrado transcendental. Espiritualidade é transcendência com um propósito de vida e não está ligada a uma religião. Envolve crenças, valores, estilo de vida, interações com os outros e com a natureza, compaixão, empatia, altruísmo.

Espiritualidade, portanto, vai além do material e do terreno. Não é uma religião, nem uma doutrina, a espiritualidade é cuidar e mimar o nosso interior, deixar que o coração salte os abismos criados pela mente e cultive nossos valores. Espiritualidade se relaciona com o transcendente e com questões sobre propósito de vida e valores humanos. Mesmo que você não seja religioso, tenha a crença no conceito de espiritualidade. Isso vai te ajudar a enfrentar as incertezas do futuro com mais tranquilidade.

A Organização Mundial da Saúde considera a dimensão espiritual como bem-estar do ser humano. Várias universidades norte-americanas de renome, como Duke, Columbia, Stanford e Harvard, vêm realizando estudos que testam o "modelo mental da Fé". Como a ciência ainda não entende esse mecanismo, ela só pode testá-lo por resultados. Cerca de 60% das pesquisas sugerem que quem segue uma religião ou cultiva a espiritualidade parece mais resistente ao estresse e à depressão. Mesmo quando deprimido, recupera-se com mais rapidez do que os pacientes céticos — desde que cumpra com rigor o tratamento médico.

Se acreditamos que o reino de Deus está dentro de nós, sejamos bons com os outros, porque de algum modo eles são você. Se o canal mental de uma pessoa estiver na frequência de reclamação e vitimização, ela vai continuar atraindo para sua vida situações e experiências que reforçam esse padrão.

Na Índia, são ensinadas as "quatro leis da espiritualidade". Quando tive conhecimento dessas leis, fiquei surpreendido com a profundidade delas.

A primeira diz

"A pessoa que vem é a pessoa certa"

Ninguém entra em nossas vidas por acaso. Todas as pessoas ao nosso redor, interagindo com a gente, têm algo para nos fazer aprender e avançar em cada situação. Todas as pessoas que nos rodeiam estão aí por algo, até mesmo as pessoas tóxicas. Em cada troca e em cada momento, todos contribuímos com algo. Tudo é um aprendizado.

A segunda lei diz

"Aconteceu a única coisa que poderia ter acontecido"

O que aconteceu foi tudo o que poderia ter acontecido, e foi para aprendermos a lição e seguirmos em frente. Todas e cada uma das situações que acontecem em nossas vidas são perfeitas. Lembrando da sincronicidade, cada um dos nossos comportamentos vai gerar ao nosso redor uma cadeia sequencial de acontecimentos que marcam nosso caminho.

A terceira diz

"Toda vez que você iniciar é o momento certo"

Existem pessoas que esperam o momento perfeito chegar. Esse momento não existe. Agarre-se ao momento e faça ele se tornar perfeito. O novo em nossa vida acontece quando estamos preparados para vê-lo e aproveitá-lo.

E a quarta e última afirma

"Quando algo termina, termina"

Simplesmente assim. Deixe fluir, não se prenda a nada ou a ninguém. Se algo acabou em nossa vida é para a nossa evolução. Dizer adeus dói, mas quando algo termina, manter esse algo ao nosso lado é um exercício de masoquismo que vai gerar um grande mal-estar e múltiplas dependências e inseguranças. Por isso, é melhor sair, ir em frente e se enriquecer com a experiência. Cabe aqui uma frase de Dalai Lama: "Nunca estrague seu presente por um passado que não tem futuro".

Muitas pessoas ainda se sentem extremamente sozinhas porque falta uma relação harmoniosa essencial com uma força universal. Essa solidão pode gerar ansiedade e, quanticamente falando, a pessoa ansiosa transforma seu corpo numa antena eletromagnética emissora de sinais de carência, medo, escassez e insegurança. O que a física moderna explica com muita clareza é que vivemos num universo em que tudo é energia e se expressa vibracionalmente em frequências especificas, tal qual uma corda de violão. Nikola Tesla costumava dizer: "Se queres encontrar os segredos do universo, pense em termos de energia, frequência e vibração".

Que possamos nos conectar com o intangível, e neste mundo em constante evolução, devemos ter menos medo de robôs do que nos tornarmos seres robóticos.

Capítulo 9

A busca da felicidade

Suspeito que felicidade é não ter desejo nenhum, ou ter desejos sem esperar nada em troca. Vivemos num mundo em que estar triste parece ser pecado. Qual o problema? A vida é um pulso ondulatório. Às vezes estamos em cima, às vezes estamos embaixo e tudo bem quanto a isso, faz parte de nosso crescimento. A felicidade é um ciclo, e uma pessoa que perde a capacidade de oscilar entre emoções positivas e negativas fica doente.

O importante é que esse pulso continue em movimento.

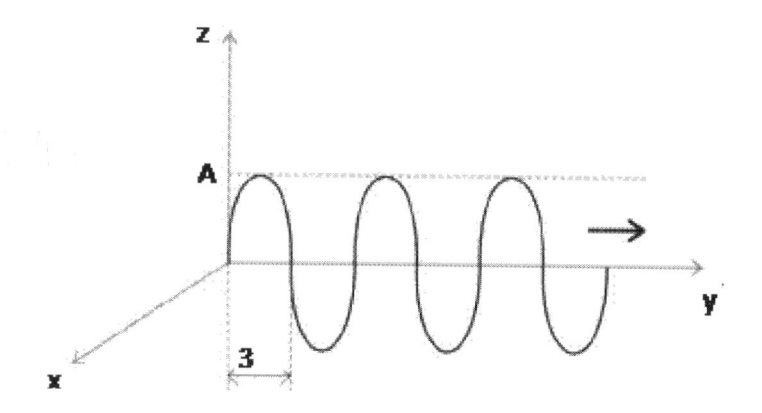

Talvez a ideia de que você tem controle sobre as coisas ou pessoas seja um dos motivos da infelicidade. Já parou para pensar que você não sabe o que vai acontecer com você quando sair de casa hoje? A vida é probabilística, então pare de querer controlar tudo ou todos. Cada um tem sua vida, suas escolhas, seus erros e suas lições. A ideia de querer ser bem-sucedido o tempo inteiro pode gerar infelicidade. Ser livre significa que você não precisa ser uma vítima do ambiente.

Outro motivo de infelicidade é acreditarmos que já sabemos tudo e somos suficientes. Você vai sofrer muito se pensar assim.

No capítulo 2 falamos sobre propósito e tenho absoluta certeza de que existe um profundo vínculo entre felicidade e propósito de vida. Nossa vida é finita e somos, portanto, um ser finito dentro de uma infinidade de escolhas. Torne-se responsável pelo seu futuro. Aceite sua vida como ela é e não como você acredita que deveria ser.

> **Vamos imaginar que você tem uma idade muito avançada e chegou a hora de se aposentar. Resolveu fazer uma festa com todas as pessoas importantes que passaram pela sua vida pessoal e profissional**
>
> - O que você gostaria que sua família dissesse para você?
> - O que você gostaria que seus amigos dissessem para você?
> - O que você gostaria que seus colegas de trabalho dissessem para você?
> - O que você pode fazer hoje para que isso aconteça?

Saiba que não existe o mundo perfeito, nem a pessoa perfeita, nem o trabalho perfeito. Você faz sua vida de acordo com suas escolhas. Comece a fazer agora suas escolhas, antes que seja tarde demais. Para Nietzche a coragem é a virtude máxima, e você concebe a vida que faz sentido para você.

Quer melhorar seu nível de energia? Pense no seguinte:

– Vale a pena ter uma lista de hábitos diários de energia? Quais hábitos?

– Para que coisas você deve dar uma ordem de *stop loss*, ou seja, parar com aquela perda? Por exemplo, alguém que define que vai dar um prazo até tal data para que aquele relacionamento melhore; um prazo máximo para parar de pensar naquele problema.

– Vale a pena ter uma lista de upgrades na vida? Quais upgrades?

– Para que coisas ou pessoas você precisa saber dizer não?

– O que você deve incluir ou excluir da sua vida?

– Quais rituais diários vale a pena você inserir na sua vida?

– Vale a pena criar uma lista de prazeres na sua vida? Quais prazeres?

Tenho uma crença de que, ultrapassado o limite da pobreza, os recursos acrescentados não aumentam de modo significativo a probabilidade de uma pessoa ser feliz. O dinheiro não traz felicidade, a falta dele para nossa sobrevivência nos traz infelicidade.

Segundo Carl Rogers, estagnação é sofrimento. Já comentamos sobre isso neste livro e quero aqui ressaltar a importância de estarmos em movimento. É preciso estar entre o tédio e a ansiedade para entrar no fluxo. O estado de fluxo designa o estado de consciência em que a mente e o corpo encontram-se em perfeita harmonia. Isso acontece principalmente durante a realização de atividades que deixam as pessoas felizes e nas quais podem dar o seu melhor no momento em que as estão executando. O simples fato de realizá-las resulta no estado de excelência em que o indivíduo demonstra disposição e concentração. É um estado mental de operação em que a pessoa está totalmente imersa no que está fazendo. Proposto pelo psicólogo Mihaly Csikszentmihalyi, o conceito tem sido utilizado em uma grande variedade de campos.

```
                    Excitação
         Ansiedade              Fluxo

     Preocupação                Controle

         Apatia      Tédio      Relaxamento

Baixo ← Nível de Perícia → Alto
```
(Eixo vertical: Nível de Desafio — Baixo ↔ Alto)

Quando se está satisfeito com o que se realiza, utilizam-se mais facilmente as capacidades e habilidades ao extremo e obtém-se felicidade em todos os setores da vida. O flow ou fluxo é realmente e verdadeiramente fazer o que amamos ao longo da vida. Digo isso pois quando procuramos fazer exatamente aquilo que mais gostamos, nós passamos a nos entregar verdadeiramente àquela atividade, sendo que nada do que acontece ao nosso redor é capaz de tirar a nossa atenção. Para isso, precisamos vibrar em uma frequência positiva.

O Dr. David Hawkins foi um médico muito conhecido nos Estados Unidos. Dr. Hawkins descobriu que as pessoas que estão doentes geralmente têm pensamentos negativos, com frequência de vibração abaixo de 200. Com frequência de vibração acima de 200, as pessoas não ficam doentes. Quais são os pensamentos que têm frequências de vibração abaixo de 200? Pessoas que gostam de reclamar, culpar e ter ódio dos outros mantêm a frequência de apenas cerca de trinta ou quarenta. Quem constantemente acusa os outros, têm diminuída uma grande quantidade de energia, de modo que a frequência de vibração fica abaixo de 200. Essas pessoas facilmente adquirem muitas doenças diferentes.

O índice de vibração mais alto é 1000 e o índice mais baixo é 1. Ele disse que neste mundo, a maior frequência de vibração que ele viu foi de 700, cuja energia é particularmente suficiente, e quando essas pessoas aparecem, podem afetar o campo local.

No Prêmio Nobel da Paz, Madre Teresa apareceu na premiação. Na época, toda a atmosfera foi muito boa, com alta frequência de vibração, de modo que a audiência sentiu a energia do campo magnético, que estava cheio de beleza e comoveu a todos. Quando uma pessoa de alta energia aparece, a sua energia faz com que o campo magnético de todas as coisas se torne belo e pacífico; mas quando uma pessoa tem um monte de pensamentos negativos, ela não somente fere a si mesmo, mas o campo magnético que a circunda se torna ruim. A figura a seguir mostra a escala das emoções de David Hawkins, expressa em Hertz (Hz).

Escala da Emoções

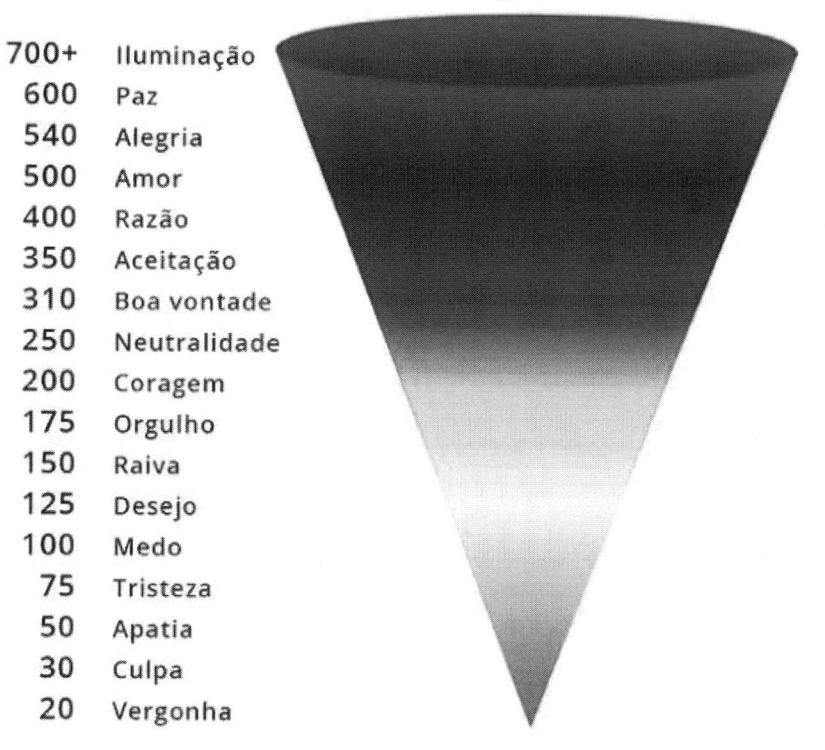

700+	Iluminação
600	Paz
540	Alegria
500	Amor
400	Razão
350	Aceitação
310	Boa vontade
250	Neutralidade
200	Coragem
175	Orgulho
150	Raiva
125	Desejo
100	Medo
75	Tristeza
50	Apatia
30	Culpa
20	Vergonha

Vibrar em frequências positivas é entrar no fluxo, e para isso precisamos ter metas na vida.

Metas

• **São proativas.** Nós tomamos atitudes para alcançá-las.

Expectativas

• **São reativas.** Isto é, apenas esperamos que algo externo aconteça para alcançar o que esperamos.

Metas dependem de nós e são um dos motivos de estarmos vivos. Morre aquele que não tem metas. O próprio objetivo da vida é perseguir a felicidade. Isso está claro.

Faça uma lista das situações de maior felicidade para você hoje. Faça outra do que quer fazer/sentir/viver antes de morrer. Não se engane: você vai morrer. O significado que a sua vida terá até lá, porém, só depende de você. E, por isso mesmo, a morte e a tristeza não são monstros, mas, de certo modo, aliadas da plenitude. Trazer claramente à consciência de que um dia iremos partir nos ajuda a perceber que a vida é o que existe agora. Se empurrarmos com a barriga, quando vamos conseguir o que queremos?

> **Devemos ter atitudes positivas e assertivas diante dos desafios da vida. Nem o sucesso e nem o fracasso são definitivos.**
>
> • Quais são as coisas que posso mudar e quais são as coisas que não posso mudar?
> • Que atitudes preciso continuar tomando?
> • Que atitudes preciso mudar?

Uma das frases de Carl Jung que me inspirou e inspira até hoje está relacionada ao pulso ondulatório da vida. Segundo Jung, "Não há despertar da consciência sem dor. As pessoas farão de tudo, chegando ao limite do absurdo, para evitar enfrentar a própria alma. Ninguém se torna iluminado só por imaginar figuras de luz, mas, sim, por tornar-se consciente da escuridão".

Viver no presente é um presente, pois o cérebro tende a simular o futuro com base em experiências passadas e pode levar a pessoa a um estado de paranoia. Cuidado para não viver no simulador, pois você só conseguirá repetir no futuro o que já viveu no passado e daí a sensação de andar em círculos. Nesse estado, seu corpo se transforma em uma antena emissora do mesmo sinal eletromagnético que você já emitiu quando viveu a experiência no passado.

Fique atento ao sinal do corpo, convidando-o para que cuide melhor de si mesmo. Se em vez de se cuidar, você agride o seu corpo com remédios químicos e mantém o mesmo estilo de vida, entra num ciclo vicioso. Coloque a gratidão na sua pauta diária. De uma forma ou de outra, as pedras no caminho são bênçãos na sua vida e caminhos para a felicidade.

Terminar este capítulo e este livro é com muita alegria perceber que quando você decide contar uma nova história para você mesmo, se torna uma melhor versão. Isso é mudança de mindset. Vivemos num universo com infinitas possibilidades. E nossa vontade, aliada a uma firme intenção e sentimento, faz com que nos conectemos a esse campo de potencialidades, por meio de nossa vibração predominante.

Einstein dizia: "Há uma força motriz mais poderosa que o vapor, a eletricidade e a energia atômica: a vontade".

Caro leitor, o sucesso não é um destino, é uma prática de hábitos diários que nos ancoram e nos deixam mais confiantes de quem nós somos e no que acreditamos que somos capazes de fazer. Nossa felicidade depende da energia dos nossos pensamentos e ações. Ao vivermos rodeados pelas energias do amor, otimismo, carinho, perdão, esperança, fé, e todos os demais sentimentos positivos, desencadeamos uma gama infinita de vibrações maravilhosas, irradiando nossa vida em forma de bênçãos e realizações.

Referências

CHOPRA, DEEPAK. *As sete leis espirituais do sucesso*. São Paulo: Rocco, 2006.

CORTELLA, Mário Sérgio, KARNAL, Leandro, PONDÉ, Luis Felipe - *Felicidade- Modos de usar.* São Paulo: Planeta do Brasil, 2019.

COSTA, MARCO TULIO, CAMPOS, ALEXANDRE. *A arte da comunicação através da PNL.* São Paulo: Editora Leader, 2017.

DAMASIO, ANTONIO. *O erro de Descartes.* São Paulo: Companhia das letras, 1996.

DUTRA, J.S. *Conceitos e instrumentos para a gestão de pessoas na empresa moderna.* São Paulo: Atlas, 2004.

DWERC, CAROL - *Mindset, A nova psicologia do sucesso.* São Paulo: Objetiva, 2017.

FALK, GEOFFREY - *Mundos em conexão-* São Paulo: Cultrix, 2011.

GOLEMAN, DANIEL - *Inteligência emocional.* São Paulo: Objetiva, 1995.

GOULART, I. (Org). *Temas de psicologia e Administração.* São Paulo: Casa do psicólogo, 2006.

HAWKINS, DAVID. *Poder versus força.* São Paulo: Alma dos livros, 2019.

HOPEKE, ROBERT. *Sincronicidade*: Rio de Janeiro: Afiliada, 1997.

HUSLEY, ALDOUS. *The doors of perception:* Chatto and Windus, 1954.

JAWORSKI, JOSEPH. *A fonte.* São Paulo: Cultrix, 2014.

JUNG, C. G *Sincronicidade.* São Paulo: Vozes, 1984.

KAKU, MICHIO. *O futuro da mente,* Rio de Janeiro: Rocco, 2015.

LE BOTERF, G. *Desenvolvendo a competência dos profissionais.* Porto Alegre: Artmed, 2003.

LIIMA, WALLACE. *De um salto quântico na sua vida.* São Paulo: Editora Gente, 2017.

O'CONNOR, JOSEPH, SEYMOUR, JOHN - *Treinando com a PNL.* São Paulo: Summers, 1996.

ROONEY, ANNE *A história da neurociência - Como desvendar os mistérios do cérebro e da consciência.* São Paulo: M. books do Brasil, 2018.

SCHARMER, OTTO - *Teoria U - Como liderar pela percepção e realização do futuro emergente.* Rio de Janeiro: Elsevier, 2010.

SCHERMERHORN, Jr.; JOHN, R. *Fundamentos de comportamento organizacional.* Porto Alegre: Bookman, 1999. 2. ed.

TOLLE, ECKHART - *O poder do agora.* Rio de Janeiro: Sextante, 2002.

ZOHAR, DANAH, MARSHAL, IAN. *Inteligência Espiritual.* Edições viva livros, 2017.